KAREN HAMAKER-ZONDAG

Saturn
im Transit durch die Häuser

Standardwerke der Astrologie

KAREN HAMAKER-ZONDAG

Saturn

im Transit durch die Häuser

Aus dem Niederländischen
übersetzt von
Christine Ruf und Brigitte Talke

Titel der Original Ausgabe »De transit van de planeet Saturnus door dehuizen«, erschienen bei Symbolon, Amstelveen, Holland.

3. Auflage 2021

Umschlag: Walter Schneider
unter Verwendung eines Bildes von Astrofoto/Shigemi Numazawa

Isten hozott, Jolanda

Zu beziehen durch den Buchhandel oder direkt beim
Chiron Verlag, Postfach 1250, D-72002 Tübingen
www.chironverlag.com

ISBN 3-925100-64-4

Inhalt

Vorwort

Wer von uns hat nicht schon bemerkt, dass mit dem Transit von Saturn häufig Probleme einhergehen? Wer kennt nicht das Gefühl von Erschöpfung bei einem Spannungsaspekt zwischen Saturn und Sonne, Mond, Mars oder dem Aszendenten? Und haben wir nicht bei uns selbst oder in unserer Umgebung erlebt, dass ein Saturntransit durch das 2. Haus mit finanziellen Problemen verbunden ist, ein Transit durch das 6. Haus mit Problemen am Arbeitsplatz oder mit unserer Gesundheit? Wie viele von uns haben sich bei einem Saturntransit durch das 12. Haus nicht unsicher, einsam oder orientierungslos gefühlt?

Es ist, als führe uns der Transit von Saturn auf einen Leidensweg, der niemals zu enden scheint. Saturn läuft ja ständig durch eines der Häuser und bildet auch immer wieder Aspekte.

Zugegeben: Er ist kein Planet, der seine Handlungen vergoldet. Saturn stellt seine Bedingungen und er scheint uns zunächst wenig Entscheidungsmöglichkeiten zu lassen. Dennoch – verschätzen Sie sich mit diesem Planeten nicht! Saturn scheint nämlich auch noch ein anderes Gesicht zu haben, das erst dann wirklich deutlich erkennbar wird, wenn wir zu verstehen beginnen, worin die tiefere Bedeutung seiner Konfrontationen liegt und warum wir im wahrsten Sinne des Wortes so oft in den sauren Apfel beißen müssen. Erst wenn wir Saturn aus einem umfassenderen Blickwinkel betrachten und seine tiefere Bedeutung ergründen, können wir ihn wirklich würdigen und werden ihn um keinen Preis mehr missen wollen.

Als ich mich mit der Astrologie zu beschäftigen begann,

herrschte noch das negative Bild des Planeten Saturn vor, was sich aber glücklicherweise inzwischen verändert hat. Heutzutage betrachten wir diesen Planeten viel nuancierter, sowohl im Geburtshoroskop als auch beim Transitgeschehen. Im vorliegenden Buch geht es um Letzteres: den Transit von Saturn. Zu diesem Thema sind übrigens bereits hervorragende Veröffentlichungen erschienen, in denen Saturn aus verschiedenen Blickwinkeln betrachtet wird. Dieses Buch verfolgt eine andere Annäherung an die Transite von Saturn und konzentriert sich daher auf seinen Lauf durch die Häuser.

Die Häuser im Horoskop stehen nicht für sich allein, sie sind durch unsichtbare Fäden miteinander verbunden, unabhängig davon, ob es nachweisliche astrologische Aspekte oder Häuserverbindungen gibt oder nicht – sie wirken aufeinander ein. Wenn wir im 8. Haus lieber Verstecken spielen, statt etwas aufzuarbeiten, werden wir den Folgen in unserer Beziehung, unseren Kontakten und in unseren Freundschaften begegnen; astrologisch ausgedrückt also in unseren Lufthäusern. In den Bereichen unserer Selbstständigkeit und unseres Selbstvertrauens geht es wiederum um die Feuer-Häuser. Wenn wir im 12. Haus keine Ruhe finden können, weil wir das nicht gelernt haben, wird dieser Mangel an tief greifender Entspannung sich in allen anderen Häusern des Horoskops auswirken. Wir können dann weniger flexibel damit umgehen, um welches Haus es sich auch handeln mag. Da die Häuser nie unabhängig voneinander sind, spornen wir bei der Problemlösung in einem bestimmten Haus auch unmerklich andere Häuser an.

Aus dieser Perspektive ist der Transit von Saturn durch die Häuser von großer Bedeutung, da er in dem Haus, das er durchläuft, den Scherbenhaufen beseitigt und uns mit dem konfrontiert, was wir noch nicht erledigt haben. Wenn wir mit diesem Transit, trotz möglicher Rückschläge und Probleme, konstruktiv umzugehen wissen, wird unser gesamtes Horoskop davon profitieren. Hierzu habe ich im Verlauf meiner astrologischen Laufbahn beeindruckende Beispiele erlebt.

Gleich zu Beginn meiner astrologischen Praxis stieß ich zufällig auf einen möglichen tieferen Zusammenhang zwischen den Häusern, die Saturn im Transit durchläuft. Als ich anfing, diese Idee auszuarbeiten und sie vor allem in der Praxis zu beobachten, wuchs meine Einsicht, dass der Saturntransit durch die Häuser die Erfahrungen in bestimmten Häusern wie durch einen roten Faden miteinander verbindet. Ereignisse und Erfahrungen in unserem Leben scheinen oft zufällig zu sein oder sich unabhängig voneinander zu ergeben. Aber der Schein trügt. Zahllose Male habe ich erlebt, dass ein bestimmtes Ereignis mit anderen Ereignissen im Zusammenhang zu stehen schien; Ereignisse, die stattfanden, als der transistierende Saturn Jahre zuvor beispielsweise durch ein Haus des gleichen Elements lief. Oder anders ausgedrückt: dass die Erfahrungen, die man beim Saturn im Transit durch das 8. Haus macht, oftmals auf das zurückgreifen, was viele Jahre zuvor, als Saturn durch unser 4. Haus lief, verarbeitet wurde oder aber unverarbeitet blieb. Das 8. und das 4. Haus sind Wasser-Häuser. Und das, was man im 8. Haus bewerkstelligt, scheint seinen Schatten auf die Erfahrungen zu werfen, die man erst viele Jahre später macht, wenn Saturn durch das 12. Haus läuft. Ich fand Zusammenhänge für alle vier Gruppen der Elemente-Häuser und entdeckte noch weitere beim Transit von Saturn. All das versuche ich in diesem Buch zu verdeutlichen und zu erhellen. Seit 1975 studiere ich auf diese Weise die Transite von Saturn. Da dieses Buch vorwiegend auf Praxiserfahrungen basiert, sind die Literaturhinweise eher spärlich. Diese Erfahrungen und die Einsichten in die tieferen Zusammenhänge haben mir sehr dabei geholfen, unterschwellige Strömungen in meiner eigenen Psyche sowie in der meiner Klienten zu verstehen, und mir in Form eines roten Fadens, der sich unter der Oberfläche durch das Leben des Menschen zieht, Halt gegeben. Und mehr noch: Gerade indem man begreift, was sich auf diesem tieferen Niveau abspielt, lernt man besser damit umzugehen. Letztlich erhält man eine Belohnung, die meiner Einschätzung nach größer und intensiver ausfällt, als Jupiter sie uns je geben könnte.

Mein Dank geht an die Kinder, die ich in meiner Praxis haben durfte, und ganz besonders an meine eigenen Kinder, die mir auf so natürliche und selbstverständliche Weise gezeigt haben, wie man einem Saturntransit durch ein Haus nachgeben kann, und wie treffend dieser Transit mit einem inneren Bedürfnis zusammenfällt. Ich habe viel von diesen Kindern lernen können. Wie immer geht mein Dank natürlich an Hans, meinen Mann, der mir mit aufbauender Kritik und Hilfe zur Seite steht.

Karen Hamaker-Zondag
Amstelveen, Februar 1999

Einleitung

Erfahrungen

»Ich bin so verwirrt und weiß nicht mehr, was ich will. Jeden Morgen werde ich von all den Träumen, die ich hatte, todmüde wach.« Das erzählte mir eine Klientin, bei der Saturn im Transit zu diesem Zeitpunkt durch das 12. Haus lief. Da mich Träume grundsätzlich sehr interessieren, fragte ich sie, ob sie sich an ihre Träume erinnern könne und wenn ja, wovon sie so intensiv träume. Zwischenzeitlich blätterte ich in meinen Ephemeriden, um herauszufinden, wann Saturn durch ihr 8. Haus gelaufen war. Wenn Saturn im Transit durch ein bestimmtes Haus läuft, habe ich nämlich schon einige Male die Erfahrung gemacht, dass er irgendwie mit den Themen verbunden zu sein scheint, die zum vorherigen Haus dieses Elements gehören. Beim 12. Haus handelt es sich um ein Wasser-Haus, ebenso wie beim 8. Haus.

Ich fragte sie, was in den Jahren geschehen sei, als Saturn durch ihr 8. Haus lief. Nach kurzem Überlegen erzählte sie: »Das war eine sehr wichtige, aber auch sehr schwierige Zeit für mich. Ich wurde geschieden und wohnte danach alleine und…« – hier schwieg sie für kurze Zeit – »… und verflixt noch mal, jetzt wird mir plötzlich klar, dass ich sehr viel von Männern träume, und dass auch mein Ex-Mann sehr oft eine Rolle in diesen Träumen spielt.«

Als Saturn durch ihr 8. Haus lief, erlebte sie eine emotional schwierige Zeit, eine Zeit, in der sie wichtige Knoten lösen konnte. Allerdings schien sie die Folgen für ihre Gefühle und Emotionen nicht gut verarbeitet zu haben. Sie brauchte damals all ihre Energie, um ihr Leben wieder in Ordnung zu bringen: der Umzug und die Scherereien im Zusammenhang mit der Scheidung, und dann noch all der Kleinkram, der geregelt werden musste. All das führte dazu, dass sie mit äußeren Dingen beschäftigt blieb. Deshalb war es schwieriger für sie, ihre Gefühle wirklich zu verarbeiten und einen Trauerprozess zu durchleben, der dringend notwendig ist, um gefühlsmäßig wieder zurechtzukommen.

Als Saturn durch ihr 9. Haus lief, setzte sie sich neue Ziele. Keine hohen Ideale, sondern realistische und erreichbare Ziele im Hinblick auf das, was sie mit ihrem Leben anfangen wollte. Sie litt weniger unter dem Schmerz und den Emotionen der zurückliegenden Scheidung, und sie war davon überzeugt, dass sie all das bereits teilweise verarbeitet und hinter sich gelassen hatte. Jahre vergingen, bis Saturn im Transit durch ihr nächstes Wasser-Haus lief: das 12. Haus. Dieser Transit aktivierte ihr Unbewusstes – als Wasser-Haus hat das 12. natürlich viel mit unserer unbewussten Gefühlslage zu tun. Außerdem ist es ein Haus, das uns sehr tief berührt, was aber nicht immer direkt greifbar ist. Sie begann von Männern zu träumen, insbesondere von ihrem Ex-Mann. Es war so, als wollte Saturn im Transit durch das 12. Haus ihr sagen: *Im vorigen Wasser-Haus hast du noch etwas Unverarbeitetes liegen lassen – hier ist es wieder… Mach dich also an die Arbeit.*

Betrachtet man diesen Prozess negativ, scheint es, als ob uns der Transit Saturns niemals zur Ruhe kommen lässt, so als würde er sagen: *Das, was du hast liegen lassen, bekommst du unwiderruflich aufs Neue vorgesetzt.* Es verfolgt uns so lange, bis wir es in Angriff genommen haben. In der Zwischenzeit, in der Saturn durch die anderen Häuser läuft, wiegen wir uns in einem Gefühl falscher Sicherheit und erliegen der Illusion, mit der Problematik, die angegangen werden müsste, bereits im Reinen zu sein.

Diesen Prozess kann man auch positiv sehen. Selbst wenn man in diesem Augenblick nicht alles in Angriff nehmen kann, erkennt man, dass man irgendwie immer wieder eine Chance bekommt, doch noch die Dinge zu klären. Man erhält immer wieder neue Möglichkeiten, den roten Faden seines Lebens auf eine positive Weise aufzugreifen. Es ist nun mal unmöglich, alles, was getan werden muss, auf einmal zu erledigen oder genau zu verstehen, worum sich unsere Probleme wirklich drehen. Saturn gibt uns später, zu einem »passenden« Zeitpunkt, eine Chance, die Dinge doch noch zu verarbeiten. Nicht, dass dies für unser Bewusstsein oder unser Ego angenehm wäre – es ist und bleibt ja Saturn. Trotzdem geschieht das, aus dem Blickwinkel unserer gesamten Psyche betrachtet, »rechtzeitig«.

Nachfolgend ein anderes Beispiel, das ich selbst einige Male erlebt habe. Als ich noch nicht sehr lange mit der Astrologie vertraut war, lernte ich, dass wir mit beruflichen Schwierigkeiten konfrontiert werden, wenn Saturn im Transit durch unser 10. Haus läuft. Möglicherweise müssen wir mit einer Kündigung rechnen oder aufgrund einer Reorganisation Nachteile bezüglich unserer beruflichen Position oder unseres Einkommens in Kauf nehmen und Ähnliches. Wenn Saturn, der Planet der Einschränkung und Begrenzung, sich zeitweise im Haus unserer gesellschaftlichen Position befindet (10. Haus), ist es doch eigentlich logisch, von Verschlechterung und Verminderung zu reden?! Was ich nicht erwartet hatte, aber trotzdem passierte, war, dass Personen, bei denen Saturn im Transit durch das 10. Haus lief, sogar eine Verbesserung ihrer Position erreichten, befördert oder plötzlich sehr bekannt wurden. Die Frage, die sich dann automatisch stellt, lautet:

Wie ist es möglich, dass der eine mit einem Saturntransit durch das 10. Haus bei einer Massenkündigung seine Stelle verliert, während ein anderer ausgerechnet dann befördert wird?

Die Antwort auf diese Frage habe ich durch meine Praxiserfahrungen finden können. Wieder schien das vorangehende Haus, das zum gleichen Element gehört, der Schlüssel zu sein.

Für das 10. Haus, ein Erde-Haus, ist dies das 6. Haus. Was während des Saturntransits durch das 10. Haus geschieht, scheint mit davon abhängig zu sein, was man viele Jahre vorher getan hat, als Saturn durch das 6. Haus lief. An einen Zusammenhang mit Verhaltensweisen und Ereignissen, die so viele Jahre zurückliegen (oft sind es etwa acht bis zehn Jahre), denken wir meistens nicht mehr. Und doch scheinen sie irgendwie weiterzuwirken, so, als liefe ein roter Faden durch unser Leben. Es scheint, als ob wir immer wieder mit etwas anderem konfrontiert würden, bei näherem Hinsehen aber verbirgt sich dahinter ein tieferer Zusammenhang, so wie im vorangehenden Beispiel.

Natürlich sind auch andere Transite und Progressionen, die neben dem Transit von Saturn durch das 10. Haus eine Rolle spielen, wichtig, um erkennen zu können, was tatsächlich insgesamt geschieht. Wenn ich es ganz kurz zusammenfasse, scheint es so – wenn man sich bei einem Saturntransit durch das 6. Haus kein Bein ausreißt und seine Arbeit wenig motiviert erledigt –, als würde sich der Bereich des 6. Hauses plötzlich wieder vor uns auftun, sobald Saturn durch das 10. Haus läuft, unabhängig davon, wie gut man in den inzwischen verstrichenen Jahren funktioniert hat. Selbst wenn man längst für einen anderen Vorgesetzten arbeitet, ist es das eigene Innere, das auf irgendeine Weise etwas einklagt, das zurechtgerückt werden muss. Nachfolgend werde ich das bei den betreffenden Erde-Häusern weiter ausarbeiten. Die Wahrscheinlichkeit, dass uns bei einem Saturntransit durch das 10. Haus eine Beförderung entgeht, ist größer, wenn man beim Saturntransit durch das 6. Haus nicht so gut funktioniert hat.

Wenn wir diese tieferen Zusammenhänge einmal erkannt haben, können wir den Transit von Saturn nicht nur besser begreifen, sondern auch in positive Wachstumskrisen verwandeln.

Eine andere Erfahrung, die mich auf die Wichtigkeit dieses tief greifenden roten Fadens von Saturn hinwies, war folgende: Als Saturn die Spitze meines 9. Hauses (Placidus) erreicht hatte, träumte ich einen Traum, den ich viele Jahre vorher schon einmal gehabt hatte. Ich träumte, dass ich jetzt den Faden des Themas aus dem alten Traum wieder aufgreifen müsse, und dass dieser neue Traum eine Fortsetzung des ersten sei. Als ich dann meine notierten Träume durchging, entdeckte ich, dass ich besagten Traum exakt in der Woche hatte, in der Saturn auf der Spitze meines 6. Hauses stand.

Mit anderen Worten: Als Saturn das 5. Haus (ein Feuer-Haus) verließ, ließ er ein Thema zurück, das ich wieder aufgreifen konnte, als er in das 9. Haus, das nächste Feuer-Haus, eintrat!

Diese und noch viele weitere Erfahrungen führten dazu, dass ich begann, den Transit von Saturn auf andere Weise zu betrachten. Ich fing an, die Auswirkungen dieses Transits bei vielen Menschen zu verfolgen und bat sie, dem nachzugehen, was sie in den vorherigen Häusern eines Elements erlebt hatten. Ich wollte wissen, ob der Transit von Saturn tatsächlich der rote Faden war und ob dies nur für die Häuser des gleichen Elements gilt oder ob es noch weitere Verbindungen oder »rote Fäden« gibt. Es schienen mehrere zu sein, trotzdem trat der Leitfaden der Häuser eines Elements in den Vordergrund. Deshalb werde ich ihn als den wahren »roten Faden« annehmen und die anderen Verbindungen um ihn herum weben.

Motivation oder Müdigkeit?

Bei seinem Transit durch die Häuser scheint Saturn tatsächlich ziemlich viele Schwierigkeiten mit sich zu bringen. Dabei kann es wirklich um sehr unangenehme Dinge gehen, aber auch um eine Aneinanderreihung kleiner Irritationen, ohne dass eine Katastrophe passieren muss. Meistens zieht er jedoch eine oder mehrere schwierige Situationen, Rückschläge, Verzögerungen oder andere Unannehmlichkeiten nach sich, Dinge, denen wir die Stirn bieten müssen.

Solche Probleme treffen uns selten aus heiterem Himmel, sie scheinen in vielen Fällen mit einer bestimmten Reifungsphase in uns selbst im Zusammenhang zu stehen. Das heißt nicht, dass das, was uns zustößt, »also doch« unsere eigene Schuld ist. Allerdings besteht wohl ein bestimmter Zusammenhang zwischen unserer inneren Situation (auch dem Teil, dessen wir uns nicht bewusst sind) und unseren äußeren Lebensumständen.

Die Problemsituationen von Saturn lösen sich aber für gewöhnlich alle wieder auf. Betrachten wir nun, wie wir eine Lösung für die Probleme Saturns finden und was letztlich aus uns wird, dann scheint sich hinter allen äußeren Problemen eine wichtige Frage zu verbergen, eine Frage, die Saturn uns fortwährend stellt:

Du hast in der Vergangenheit Entscheidungen getroffen. Gehören diese Entscheidungen eigentlich wirklich zu dir als Person? Kommen sie tatsächlich aus deinem Inneren? Lebst du wirklich das Leben, das zu deiner gesamten Persönlichkeit gehört? Das will ich testen und ausprobieren, indem ich dich in die Schwierigkeiten bringe, welche als Schattenseiten zu deinen Entscheidungen gehören. Durch diese Schwierigkeiten kannst du dir bewusst werden, was du wirklich willst, und du wirst mit möglicherweise falschen Entscheidungen in der Vergangenheit konfrontiert.

Stellen Sie sich vor, dass Sie in der Vergangenheit eine Berufswahl getroffen haben, weil Ihre Umgebung der Meinung war, dieser Beruf würde gut zu Ihnen passen, während Sie selbst im Grunde Ihres Herzens lieber etwas anderes getan hätten. Diese Entscheidung trafen Sie also nicht von innen heraus, es war vielmehr eine »künstliche« Entscheidung. Möglicherweise war Ihre Entscheidung vor allem durch finanzielle Überlegungen bestimmt und es ging weniger um den Inhalt und die Erfüllung in diesem Beruf als vielmehr um Ihre finanzielle Sicherheit. Läuft dann Saturn im Transit durch das 6. oder 10. Haus, konfrontiert er Sie mit einer Reihe von Schwierigkeiten, die Einfluss auf Ihr Funktionieren haben werden. Müssen Sie dann plötzlich in sehr schwierigen Umständen sehr hart zupacken, weil die Situation der Abteilung oder der Firma, in der Sie beschäftigt sind, das erfordert, Sie sich jedoch lediglich aus äußeren Gründen für diesen Beruf entschieden haben, dann werden Sie dafür längst nicht so viel Energie aufbringen können, als wenn Sie sich mit Leib und Seele für diesen Beruf entschieden hätten. Hier begegnen Sie letztlich sich selbst – und genau das ist die Botschaft von Saturn.

Durch die Art Ihrer Schwierigkeiten können Sie sich darüber bewusst werden, was von innen heraus zu Ihnen passt und was nicht. Möglicherweise kann Ihnen klar werden, dass Sie eine andere Entscheidung treffen müssen, um Ihrem Leben doch noch eine Wende in die Richtung zu geben, die zu Ihnen passt. Auch wenn Sie Ihre Arbeit mit ganzem Herzen verrichten, bringt Saturn durch das 6. oder 10. Haus immer noch Probleme und Schwierigkeiten mit sich. Aber gerade durch diese Schwierigkeiten können Sie erkennen, wie wichtig diese Arbeit für Sie ist und dass Sie sie trotz aller Schwierigkeiten auch weiterhin tun wollen, einfach, weil sie Ihnen gefällt und Sie sich stark mit ihr verbunden fühlen.

Solange alles gut läuft, hat man kein Instrument zur Hand, um ermessen zu können, ob man eine bestimmte Arbeit wirklich tun will oder nicht. Verläuft die Arbeit reibungslos, dann empfindet man sie immer als angenehm, selbst wenn einem der Inhalt der Beschäftigung weniger liegt. Nur wenn eine Entscheidung von innen heraus getroffen wurde, wird man ausreichend Energie und genügend Enthusiasmus erübrigen können, um dem, was schief läuft oder Schwierigkeiten verursacht, die Stirn bieten zu können. Und nur dann bringt man genügend Motivation auf zum Weitermachen. Was Saturn uns also bringt, ist absolute Klarheit, Klarheit über das, was wir wollen und wer wir sind. Diese Klarheit brauchen wir, um zukünftig bessere Entscheidungen treffen zu können.

Die Schwierigkeiten, die zu dieser Frage Saturns gehören, müssen nicht unbedingt mit Fehlern zusammenhängen, die wir in der Vergangenheit gemacht haben. Selbst wenn wir uns bereits für Aktivitäten entschieden haben, die zu uns gehören, kommt noch das eine oder andere auf uns zu, dem wir entgegentreten müssen. Das ist zwar unangenehm, verhilft uns aber dazu, uns die Entscheidungen, die wir getroffen haben, vor Augen zu führen und uns auch der Tatsache bewusst zu werden, dass es eine gute Entscheidung war – um bei diesem Beispiel zu bleiben – dahinter, dass Ihr Beruf doch nicht zu Ihnen passt, muss das noch lange nicht bedeuten, dass Sie in der Vergangenheit das Falsche getan haben. So vieles kann dabei eine Rolle gespielt haben. Wenn man beispielsweise geschieden ist und die Verantwortung für jüngere Kinder trägt, entscheidet man sich instinktiv für eine Arbeit, die die meiste Sicherheit zu bieten hat, die auch gleichzeitig die Sicherheit der Familie gewährleistet. Diese Entscheidung kann bedeuten, dass man eine Beschäftigung annimmt, die einem nicht wirklich entspricht. Es ist sehr wichtig, sich dessen bewusst zu bleiben. Saturn in seinem Transit durch die Häuser kümmert sich nämlich nicht sonderlich um unsere sozialen Erwägungen. Wenn man sich für die Sicherheit seiner Familie entschieden hat und Saturn läuft in das 6. Haus, wird man spüren, dass man nicht besonders viel Schwung hat, um all den Schwierigkeiten, die sich am Arbeitsplatz ergeben, entgegenzutreten. Das ist der Moment, in dem man sich fragen kann, inwieweit es noch erforderlich ist, sich für die Sicherheit zu entscheiden. Ist die Entscheidung aus der Vergangenheit noch gültig oder hat sich die Situation verändert? Können Sie jetzt vielleicht doch damit beginnen, nach einer anderen Beschäftigung zu suchen? Hier helfen uns die Schwierigkeiten von Saturn dem Fall vorzubeugen, dass wir ganz selbstverständlich weitermachen, während sich vielleicht etwas anderes für uns auftun könnte.

Möglicherweise hat man damals, der Situation entsprechend, auch gute Entscheidungen getroffen, man hat sich aber inzwischen verändert oder die Umstände sehen heute anders aus, vielleicht auch beides. Hier können die Schwierigkeiten von Saturn uns tatsächlich wachrütteln und genau den Anstoß geben, den es braucht, um nötige Veränderungen in Gang zu setzen.

Unordentlichkeit und Nachlässigkeit

Obwohl die oben beschriebenen Saturn-Probleme vor allem als zeitweilige (schmerzliche oder unangenehme) Auslöser für Klarheit zu sorgen scheinen – ohne von Fehlern oder Nachlässigkeit unsererseits zu sprechen –, ist Saturn als Planet der Methodik und Zielgerichtetheit, der Verantwortlichkeit und Zuverlässigkeit natürlich auch der Planet, der sich hervorragend dafür eignet, uns über Dinge stolpern zu lassen, die wir haben liegen lassen oder mit denen wir unverantwortlich umgegangen sind.

Sein Transit durch ein Haus lässt uns unwiderruflich über all die Dinge stolpern, die zu dem betreffenden Haus gehören – Dinge, die wir unachtsam behandelt, unterlassen oder vernachlässigt haben. Möglicherweise ist man mit all dem eher leichtfertig umgegangen, allzu leichtfertig. Lief es bis dahin gut? Und hatte man immer wieder Glück und alles funktionierte mühelos? Dem ist jetzt aber nicht mehr so. Und da die Dinge nun nicht mehr so gut laufen, hat man die Chance zu erkennen, dass bestimmte Handlungsweisen und anderes mehr einer Veränderung bedürfen.

Wenn man die Botschaft annimmt und hart daran arbeitet (wirklich hart, denn es ist und bleibt Saturn), wird der Lohn sicher nicht ausbleiben. Ganz im Einklang mit Saturn als »Väterchen Zeit« muss man allerdings darauf warten können. Obwohl es vielleicht Jahre dauern kann, die Belohnung kommt mit Sicherheit. Manchmal erst dann, wenn Saturn im Transit in das folgende Haus dieses Elementezyklus eingetreten ist.

Um noch kurz beim Beispiel Arbeit zu bleiben: Wenn Saturn durch das 6. Haus läuft, stößt man oft auf bestimmte Arbeitsweisen, die nicht mehr den gegebenen Anforderungen entsprechen, oder man entdeckt, dass man durch etwas behindert wird, das nicht oder nicht ausreichend geregelt ist. Dann ist oft besonders harte Arbeit vonnöten, um einerseits den Schwierigkeiten die Stirn bieten zu können – während die normale Arbeit weiterläuft – und um andererseits zu versuchen, die Ursache der Probleme, die falschen Gewohnheiten und Arbeitsweisen oder die Art der Organisation anzupacken und zu verändern.

Hier kann man zwei verschiedene Wege einschlagen. Als Arbeitnehmer könnte man in etwa das Folgende denken: »Oh je, auf all diesen Stress habe ich wirklich keine Lust, ich melde mich einfach öfter mal krank. Lass andere das doch in Ordnung bringen.« Auf diese Art und Weise macht man einfach ganz normal weiter, aber wenn Saturn Jahre später beginnt durch unser 10. Haus zu laufen, kommt die »Belohnung« beispielsweise in Form einer Kündigung bei einer Reorganisation oder in Form einer Beförderung, die nicht wir bekommen. Wenn man jedoch hart arbeitet, sich reorganisiert, seine Arbeitsweise verändert und zuverlässig weiterarbeitet, kann die Belohnung beim Saturntransit durch das 10. Haus auch eine Beförderung sein, selbst wenn die schwierige Zeit des Saturntransits durch das 6. Haus schon längst vergessen ist. Solange Saturn durch das 6. Haus läuft, braucht man wirklich nicht mit Komplimenten zu rechnen, sogar Widerstand und Unverständnis sind möglich! Erwarten Sie also am besten nichts, sondern machen Sie einfach ruhig weiter. Zeigen Sie, dass Sie bereit sind, schwierige Probleme so selbständig wie möglich aufzuarbeiten.

Neue Bedürfnisse

Saturn im Transit durch die Häuser geht oft mit Bedürfnissen einher, die schon lange in uns geschlummert haben. Diese werden jetzt wach, was ein entscheidendes Moment für unser Wachstum bedeutet. Das heißt auch, dass es wichtig ist, diesen Bedürfnissen eine Form zu geben. Allerdings hält Saturn auch hier eine Art Test oder Prüfung in petto. Sobald wir diesen neuen Bedürfnissen Form geben wollen, können wir in Extreme geraten. Die neuen Bedürfnisse liegen immer auf dem Gebiet des Hauses, das Saturn zu diesem Zeitpunkt durchläuft. Er hat die Tendenz, dieses Haus entweder viel zu schwer zu belasten, so dass man kaum Zeit hat, sich mit dem erwachenden Neuen zu beschäftigen, oder es passiert so nervtötend wenig, dass genau das zum Problem wird. Durch den Wegfall oder das Fehlen von Impulsen aus der Außenwelt kann unsere Welt in einer Weise schrumpfen, dass wir den Blick für dieses neu erwachte Bedürfnis aus den Augen verlieren. Mit anderen Worten: Saturn will uns etwas sagen und inszeniert eine Wachstumskrise; er neigt aber dazu, diese Krise in solche Extreme zu packen, dass wir Gefahr laufen, nicht zum wirklichen Sinn durchzudringen.

Ein Beispiel: *Saturn im Transit durch das 12. Haus bringt oft ein verstärktes Bedürfnis nach Stille und Ruhe sowie die Neigung mit sich, sich etwas aus dem Getümmel der Welt zurückzuziehen.*

Da Saturn zu Extremen neigt, führt er entweder eine so große Stille mit sich, dass man es nicht mehr aushält, oder er sorgt für so viel Stress, dass man seine Ruhe vergessen kann. Ich habe Menschen erlebt, die in der Periode, als Saturn durch ihr 12. Haus lief, fast nichts erlebten und nur zu Hause herumsaßen. Es passierte weder zu Hause noch in ihrer Umgebung irgendetwas. Haben sich diese Menschen in der Zeit um eine Anstellung beworben, wurden sie abgelehnt; und auch sonst gab es keinerlei Anregungen. Kurz gesagt: Die Stille lastete einfach viel zu schwer auf ihnen. Das habe ich vor allem bei jenen Menschen erlebt, die ihre innere Entwicklung noch in Angriff nehmen mussten. Diejenigen, die sich bereits damit beschäftigen, heißen die Ruhe oftmals willkommen, um sich beispielsweise künstlerisch zu entwickeln, einfach so zu Hause, oder sie suchen Aktivitäten im Bereich der Musik, der Hypnose, der Traumwelt und der Meditation und Ähnlichem.

Die andere Seite von Saturn durch 12, die stressige Seite, kann bewirken, dass man geradezu das Verlangen verspürt, sich mit Dingen wie Musik oder einem anderen Gefühlsausdruck zu beschäftigen. Möglicherweise will man alles über Symbolik, Religion und Dinge, die zum 12. Hauses gehören, in Erfahrung bringen. Aber gerade in dieser Zeit manövriert man sich (natürlich unbewusst) in Umstände hinein, in denen es anstrengender wird als jemals zuvor, weshalb man zu nichts mehr kommt. Mir sind oft Menschen begegnet, die bei einem Saturntransit durch 12 sogar umgezogen sind oder umgebaut haben, anderen Menschen halfen oder irgendwo einspringen mussten. Saturn im Transit durch das 12. Haus zwingt uns, unsere innere Entwicklung voranzutreiben, trotz des äußeren Drucks. Es ist, als wolle er sagen: *Finde die Ruhe in dir selbst, und die Geschäftigkeit deiner Umwelt wird dich nicht mehr aus dem Gleichgewicht bringen.*

Sowohl im Fall von zu wenig als auch bei zu viel Anregung sehen wir uns einer Art Prüfung ausgesetzt. Beides sind Wege von Saturn, uns darauf hinzuweisen, dass wir unseren Halt nicht in der Außenwelt finden, sondern indem wir unserem eigenen Inneren eine Form geben; zurück zum inneren Kern, zurück zu unserer eigenen Persönlichkeit – das ist die Botschaft von Saturn.

Wachstumskrisen

Wir konnten bereits anhand der oben aufgeführten Beispiele erkennen, dass der Transit von Saturn immer wieder eine Wachstumskrise einleitet, aus der wir bereichert, stabiler und mehr im Gleichgewicht befindlich hervorgehen und im Laufe der Jahre immer besser erkennen, was wir wirklich wollen und was tatsächlich zu uns selbst gehört. All das lehrt uns Saturn durch schwierige Erfahrungen, die in der Tat eine Art Prüfung sind. Wir spüren, dass wir diesen Erfahrungen, wie schwierig sie auch manchmal sein mögen, vertrauensvoll begegnen können. Saturn hat ja immer eine Lösung parat, selbst wenn sie sich erst Jahre später ergibt. Außerdem gibt es immer einen Ausweg, wie düster es zunächst auch aussehen mag. Je besser wir erkennen, was wirklich zu uns selbst gehört, desto besser werden wir bei jeder nachfolgenden Schwierigkeit im Stande sein, Entscheidungen zu treffen, die von innen kommen und zu unserem persönlichen Wachstum beitragen – zu unserer Individuation, wie Jung es ausdrückt.

Saturnkrisen – und zwar jede einzelne – halten enorme Möglichkeiten für unser Leben bereit. Wenn wir diese Möglichkeiten aber nicht erkennen wollen, wird jeder weitere Saturntransit die Schwierigkeiten des vorhergehenden Transits hinter sich herschleifen, und wir werden das Leben, je älter wir werden, als umso schwieriger und sinnloser erfahren und schließlich »versauern«. Aber gerade das liegt nicht in der Absicht Saturns, auch wenn er es uns manchmal so schwer machen kann, dass wir denken: »Sieh es dir an, es geht einfach nicht!« Setzen wir uns aber von innen heraus durch, wird sich zeigen, dass Saturn plötzlich zu unserem Freund wird – vorausgesetzt, unser Durchsetzungsvermögen kommt wirklich aus unserem Inneren heraus. Gehen wir aber mit Verbissenheit, nur mit dem Willen und ohne tiefere Einsicht gegen etwas an, um zu »beweisen«, dass es uns doch noch glückt, wird dieses Verhalten Saturn sehr gegen den Strich gehen.

Wir dürfen nicht vergessen, dass das Beenden bestimmter Aktivitäten auch eine reelle Möglichkeit für Saturn ist, und zwar dann, wenn diese Aktivitäten nicht mehr zu uns gehören und unserer Entwicklung nur noch im Weg stehen.

Gibt man den Saturn-Krisen eine Chance, wird man mit Staunen vor einer großzügigen Belohnung stehen, die Jahre später erfolgt. Geht man den Schwierigkeiten aber aus dem Weg und hat nichts verarbeitet, wird die Welt immer enger und alles wird zunehmend als sinnlos empfunden. Man ist sich immer weniger darüber im Klaren, was man eigentlich will, wird noch abhängiger von der Außenwelt und immer mehr zum Spielball unbewusster Kräfte, die innerhalb und außerhalb von uns selbst liegen können.

Wenn ich von Saturn spreche, bin ich natürlich nicht der Auffassung, dass dieser Planet am Himmel das alles zuwege bringt. Saturn ist eine innere Kraft, eine Gestaltungskraft in uns selbst, die in einer Hinsicht das Gegenstück zur Sonne darstellt. Da, wo die Sonne unser Ego und das Zentrum unseres Bewusstseins anzeigt, ist es die Energie unseres inneren Saturn, die unsere Identität abgrenzt und uns erfahren lässt, wer wir wirklich sind. Es ist Saturn, der uns unsere Begrenzungen erkennen lässt, wodurch erst wahre Kraft entstehen kann.

Hierbei geht es an sich um einen neutralen Prozess, einen Prozess, dem man nicht mit Angst und Zittern entgegensehen muss. Denn die gleiche innere Energie verleiht uns erst die Kraft, wenn wir unser Kreuz auch getragen haben. In dem Moment, in dem sich innere Schwierigkeiten als Folge einer Formkrise ergeben, sind wir innerlich auch reif genug, ihnen die Stirn zu bieten, wie jung wir auch sein mögen. Es ist ein natürlicher und höchst individueller Wachstumsprozess, den wir dabei erleben – nämlich unser eigener Reifungsprozess.

Die Schwierigkeiten von Saturn werden vor allem von jenen Erwachsenen übertrieben, die ihre eigene Selbständigkeit noch nicht gefunden haben und die die Welt als Ansammlung von Vätern und Müttern ansehen, die das Leben für sie regeln sollen. Diese Erwachsenen gehen unbewusst davon aus, dass alles gut gehen »muss« und dass Rückschläge einfach nicht zu ihrem Leben dazugehören. Vor allem glauben sie, dass die Außenwelt für etwaige Rückschläge verantwortlich ist und sie *deshalb* auch aufzulösen hat. Solch ein unselbständiger Mensch wird die größte Mühe mit dem Saturntransit haben, denn er spielt uns die volle Verantwortung zu.

Auch Menschen, die unter übertriebenen Schuldgefühlen leiden, laufen große Gefahr, nicht zu begreifen, worum es bei einem Saturntransit wirklich geht. Selbst wenn man sich durchaus für die Dinge verantwortlich fühlen kann, die durch eigenes Verschulden nicht gut verlaufen sind, besteht das Risiko, in ein Schuldgefühl verstrickt zu bleiben, womit aber überhaupt nichts gelöst wird. Indem man lediglich beteuert, wie schuldig man doch ist, steckt man die Energie in die Schuldgefühle, anstatt die Probleme tatkräftig in Angriff zu nehmen. Es gibt eine bestimmte Kategorie von Menschen, die ihre Schuldgefühle (unbewusst) dazu nutzen, sich hinter ihnen zu verstecken. Dadurch bleiben sie der Situation, in der sie sich befinden, verhaftet und versäumen die positiven Entwicklungen der Wachstumskrise Saturns. Obwohl es vielleicht paradox klingt, weist Saturn uns auf das hin, was nicht in Ordnung ist, er fordert uns auf, Verantwortung dafür zu übernehmen und nicht in Schuldgefühlen gefangen zu bleiben!

Das Kind

Eltern, die mit den Form- und Wachstumskrisen von Saturn konfrontiert werden, machen es oft auch ihren Kindern schwer, gut mit diesem Transit umzugehen. (Meistens sind das Eltern, die ihren Schwerpunkt nicht in sich selbst, sondern in der Außenwelt verankert haben.) Das ist jammerschade, weil unschuldige Kinder, vor allem sehr junge, den Saturnkrisen oft ausgezeichnet Form geben könnten, besonders dann, wenn sie neben der Freiheit, sich entwickeln zu können, auch eine Basis von Sicherheit und Geborgenheit erfahren.

Ein solches Kind erlebt die Tatsache, dass es während eines bestimmten Zeitraums dazu neigt, sich verstärkt zurückzuziehen, nicht als etwas Unnatürliches, und es macht selbst auch kein Problem daraus. Oft sind es die Eltern, die es nicht verstehen und den Wachstumsrhythmus des Kindes nicht erkennen, weshalb sie Dinge von ihm erwarten, die nicht in diese Periode gehören.

Wenn beispielsweise ein jüngeres Kind (egal, ob es nun ein oder vier Jahre alt ist) einen Saturntransit durch sein 8. oder 1. Haus erlebt, bemerken wir oft, dass es dazu tendiert, sich emotional zu verschließen und in sich selbst zurückzuziehen. Die Hintergründe für dieses Verhalten sind natürlich unterschiedlich. Im äußeren Verhalten erkennen wir aber stets ein ähnliches Verhalten; das Kind spielt häufiger alleine, es will nicht so oft schmusen (vor allem, wenn Saturn durch sein 8. Haus läuft) und es scheint schwieriger erreichbar zu sein. Das Kind ist auf sich selbst zurückgeworfen, womit es aber selbst hervorragend umgehen kann.

Stellen Sie sich nun aber einmal die Mutter eines Kindes von anderthalb Jahren vor, bei dem Saturn ins 8. Haus läuft. Von einer auf die andere Woche bemerkt sie, dass ihr Kind ihre Zärtlichkeit zurückweist; das Kind scheint sich von ihr abzuwenden, es ist schwerer zu erreichen. Natürlich können das auch die Folgen von Spannungen innerhalb der Familie sein, was aber meistens nicht der Fall ist. Als Astrologen dürfen wir nicht vergessen, dass kein Transit, egal um welchen es sich auch handeln mag, mit einem äußeren Faktor zu tun hat, sondern dass es sich um ein Symbol handelt. Dieser Transit (oder Progression) gibt symbolisch wieder, wie es innerlich um uns bestellt ist – in welcher Wachstumsphase wir uns befinden und was sich nun gerade in unserem Inneren entwickelt. Die Haltung, in die wir daraufhin nach außen schlüpfen, wird durch unser eigenes psychisches Wachstum diktiert. Progressionen und Transite verursachen dieses Wachstum nicht, sie spiegeln es lediglich symbolisch wider.

So kann ein Kind mit einem Saturntransit durch sein 8. Haus konfrontiert werden, weil es aufgrund seines inneren Rhythmus an der Zeit ist, seine eigene emotionale Selbständigkeit und Unabhängigkeit zu entdecken, auch wenn es erst ein Jahr alt ist! Daher bedarf es keiner merkwürdigen äußeren Begleiterscheinungen, um das zu diesem Prozess gehörende zurückgezogene Verhalten des Kindes auszulösen.

Eine Mutter, die dieses Verhalten nicht versteht, wird Schwierigkeiten damit haben und zu grübeln anfangen. Vielleicht macht sie sich Vorwürfe oder – schlimmer noch – sie wendet sich emotional von ihrem Kind ab. Erst dann entstehen die Probleme!

Eltern, denen es zu erkennen gelingt, was sich hier abspielt, können dem Kind auf andere Weise das so notwendige Gefühl von Sicherheit und Geborgenheit geben; indem sie beispielsweise einfach da sind, wenn das Kind sie braucht, oder indem sie mit ihm balgen – anstatt einer zärtlichen Umarmung wählen sie also eine andere Form von Körperkontakt. Diese Eltern werden akzeptieren, dass das Kind für ein Jahr oder auch länger verschlossener ist als sonst, weil es danach trachtet, emotional seine eigene Kraft und Selbständigkeit zu finden. Einige Male habe ich bemerkt und auch von Eltern gehört, dass in der Woche, in der Saturn über die Spitze des 9. Hauses lief und somit das 8. Haus verließ, das Kind wesentlich anhänglicher und zärtlicher wurde, sich danach sogar zu einem sehr anschmiegsamen Kind entwickelte!

Läuft Saturn durch das 10. Haus, hat das Kind beispielsweise das Bedürfnis, seine eigene Identität zu entwickeln, unabhängig von seiner Altersstufe. Folglich wird es mehr Abstand zu den Eltern sowie zu Menschen, mit denen es emotional verbunden ist, einnehmen. Da es hierbei nicht um ein Wasser-Haus, sondern um ein Erde-Haus geht, geschieht das nicht so sehr auf der Gefühlsebene. Saturn im 10. Haus vermittelt dem Kind das Bedürfnis, erfahren zu wollen, was es heißt, in Haltung und Auftreten nach außen hin unabhängiger zu sein – und zwar unabhängiger von seinem Hintergrund und seiner Ursprungsfamilie, seinen Klassenkameraden und den Lehrern an der Schule. Die neu zu erwerbende Unabhängigkeit geht häufig noch mit Unsicherheit einher, was sich aber nicht zu einem Drama entwickeln muss. In dieser Zeit kann das Kind eine deutliche Tendenz zum Erwachsenensein erkennen lassen. Einmal erlebte ich beispiels-weise, dass ein Kind, das sich in der Vorschule sehr stark an ein anderes Kind geklammert hatte, beim Eintritt von Saturn ins 10. Haus plötzlich selbstbewusster wurde. Obwohl die Freundschaft bestehen blieb, wurde es merklich unabhängiger und kam auch gut zurecht, wenn der Freund einmal nicht dabei war.

Wenn Saturn durch das 4. Haus wandert, heißt das nicht unbedingt, dass das jüngere Kind einem einschränkenden Elend zu Hause ausgesetzt ist. Im Gegenteil, die Wahrscheinlichkeit ist groß, dass das Kind von innen heraus das Bedürfnis entwickelt, in emotionaler Hinsicht erwachsen behandelt zu werden, vielleicht will es sich sogar selbst an verantwortungsvollen Aufgaben im Haus beteiligen. Für ein 4-jähriges Kind ist das natürlich etwas schwieriger als für ein 12-jähriges, aber nichtsdestotrotz fordert Saturn bei seinem Lauf durch das 4. Haus dazu auf, auf erwachsene Weise ins häusliche Alltagsleben einbezogen zu werden. Eventuelle Begrenzungen bekommen dann eine andere Bedeutung. Einmal erlebte ich, dass eine 4-Jährige beim Saturntransit durch ihr 4. Haus ein Schwesterchen bekam. Sie wollte nichts lieber, als beim Baden, An- und Auskleiden und allerlei anderen Arbeiten mithelfen. Sie machte das wirklich gut und erwies sich tatsächlich als Hilfe, so jung sie auch war. Frohen Mutes nahm sie Verpflichtungen auf sich, die man normalerweise als Begrenzung ihres häuslichen Lebens hätte interpretieren können. Nun ja, wenn das Baby schlief, musste sie sich in dem hellhörigen Haus sehr still verhalten. Außerdem bestimmte der Rhythmus des Babys den Tagesablauf, weshalb das Mädchen auch häufiger warten musste. Allerdings empfand sie das überhaupt nicht als schlimm, denn gerade weil sie sich für ihre jüngere Schwester mitverantwortlich fühlte und tatkräftig helfen durfte, wurden diese Begrenzungen zu etwas Normalem und waren sogar mit Freude verbunden. Die Eltern verstanden die Art und Weise, mit der ihre Tochter dem Schwesterchen einen Platz zu geben versuchte. Sie ließen sie zwar mithelfen, zwangen sie aber niemals zu etwas, wozu sie einmal keine Lust hatte – das war dann einfach in Ordnung.

Wir können sehr viel von der Art und Weise lernen, wie ein jüngeres Kind mit dem Saturntransit durch die Häuser umgeht. Eine natürliche, offene und erwartungsvolle Haltung, die noch alles möglich sein lässt, ist vielleicht das beste Verhalten, um der Formkrise des begrenzenden und einschränkenden Saturn die Stirn zu bieten. Und genau das beschreibt die Haltung eines jüngeren Kindes.

Zusammenfassung

Wenn ich diese Erfahrungen beim Transit von Saturn durch die Häuser zusammenfasse, entfaltet sich folgendes Bild:

Saturn stellt uns im Transit durch die Häuser immer wieder die gleichen Fragen – zu den Themen des jeweiligen Hauses –, die den Hintergrund für die oftmals schwierigen Erfahrungen in diesem Haus bilden:

Gehören die Entscheidungen, die du in der Vergangenheit getroffen hast, tatsächlich (immer noch) zu dir?

Was hast du in der Vergangenheit vernachlässigt oder falsch gemacht? Jetzt ist es Zeit, das anzugehen, bevor es auf dramatische Weise außer Kontrolle gerät.

Bist du sicher, dass die Entscheidungen, die du jetzt triffst, auch dasjenige ist, was du wirklich willst? Dann liefere den Beweis, indem du dir ganz besondere Mühe gibst.

Was ist also zu tun?

Seien Sie offen wie ein Kind, beobachten Sie, was wirklich los ist und geben Sie dem nach. Verschwenden Sie keine Energie mit »Murren« oder Kämpfen; es wäre ein Kampf gegen Windmühlen. Erkennen Sie, was getan werden muss und packen Sie es einfach an.

Warten Sie nicht auf Komplimente oder eine Belohnung.

Beobachten Sie, wie Sie zu den Ereignissen stehen. Lassen Sie sich mitreißen? Bewältigen Sie die Dinge? Sind Sie noch motiviert?

Sie müssen wissen, dass Saturn als »Väterchen Zeit« keine Eile hat, wenn es um das Beenden von Schwierigkeiten geht und dass er auch keine Eile mit der Belohnung hat.

Sie müssen aber auch wissen, dass die Belohnung erfolgt, wie lange es auch dauern mag, und dass die Schwierigkeiten ein Ende haben werden; denn Saturn ist der Planet, der die Dinge beendet und abrundet.

Das ist aber noch nicht alles:

Der Transit von Saturn durch die Häuser verbindet uns auf

subtile und systematische Weise mit unserer Vergangenheit und mit Ereignissen, die bereits sehr lange zurückliegen.

Die Häuser, die zum gleichen Element gehören, also die Feuer-Häuser 1, 5 und 9, die Erde-Häuser 2, 6 und 10, die Luft-Häuser 3, 7 und 11 und die Wasser-Häuser 4, 8 und 12, bilden die Grundlage des »roten Fadens«.

Saturn im Transit durch ein Haus bringt oft eine Reaktion im folgenden Haus mit sich; sein Transit macht uns geneigt, Dinge zu tun, die deutliche Konsequenzen für das Haus haben werden, in das er später eintritt.

Ein Saturntransit löst auch oft eine Reaktion im gegenüberliegenden Haus aus – dem Oppositions-Haus also.

Die Häuser, die zum gleichen Kreuz gehören – die kardinalen Häuser 1, 4, 7 und 10, die fixen Häuser 2, 5, 8 und 11 und die beweglichen Häuser 3, 6, 9 und 12 – sind aufgrund des Saturntransits ebenfalls miteinander verbunden; Saturn schlägt bei seinem Lauf durch eines dieser Häuser eine Brücke für etwas, das sich im folgenden Haus des gleichen Kreuzes auswirken wird.

Saturn durch die Häuser stellt uns vor bestimmte Ereignisse und geht mit bestimmten Erfahrungen einher, die eine spezifische Bedeutung sowie einen besonderen Sinn haben und die symbolisch mit unserer inneren Entwicklung zusammenhängen. Es scheint, als hätte das, was wir erleben, mit dem zu tun, was wir in der Vergangenheit im vorhergehenden Haus der gleichen Elementengruppe aufgegriffen, entschieden oder vernachlässigt haben. Wir neigen dazu, Dinge zu tun, die ihren Schatten auf das folgende Haus werfen, in das Saturn noch eintreten wird. Außerdem beeinflussen wir durch unser Verhalten zu diesem Zeitpunkt auch das Haus, das dem von Saturn transistierten gegenüberliegt. Schließlich verarbeitet Saturn im Transit durch ein Haus diejenigen Dinge, für die bei seinem Transit durch das vorhergehende Haus desselben Kreuzes der Same gelegt worden ist.

Mit anderen Worten: Was wir erleben und womit wir bei einem Saturntransit durch ein Haus konfrontiert werden, steht keineswegs für sich alleine. Es handelt sich vielmehr um wichtige Fäden im Geflecht unseres Lebens. Saturn verbindet uns mit unserer Vergangenheit und schlägt eine Brücke in unsere Zukunft. Bereits seit Jahrhunderten wird er *der Hüter der Schwelle* genannt; er ist der letzte Planet, den wir noch mit bloßem Auge erkennen können. Er ist der Hüter der Schwelle zwischen der Welt des Sichtbaren (den sichtbaren Planeten) und des Unsichtbaren (den »Mysterienplaneten«, oder den Planeten nach Saturn). So wird er in der Literatur vielfach beschrieben, eine Beschreibung, mit der ich gänzlich übereinstimme.

Saturn bildet aber auch die Achse zwischen der Welt der Vergangenheit – die greifbar ist – und der Welt der Zukunft, die noch nicht Wirklichkeit ist und noch im Schoße der Götter ruht. In der Retorte Saturns wird diese Zukunft allerdings sehr wohl vorbereitet und mit seinem Transit durch die Häuser hilft er uns, Trümmer zu beseitigen, das alchemistische *nigredo* zu durchschreiten und die Basis für Klarheit, Deutlichkeit und Einsicht zu schaffen.

In den folgenden Kapiteln werde ich beschreiben, wie dieser Prozess in jedem Haus verläuft. Ich werde die hier angeführten Beispiele bei dem betreffenden Haus wieder aufgreifen und aufzeigen, wie sowohl Gefühle als auch Ereignisse Perlen jener Kette sind, die unser Leben ist.

Saturn durch das 1. Haus

Wenn Saturn in unser 1. Haus läuft, erleben wir ein merkwürdiges Paradox. Bei vielen Menschen setzt eine Art Erleichterung ein, weil die Ungreifbarkeit des 12. Hauses nun einer größeren Klarheit weicht. Trotzdem fühlen sich viele Menschen beim Saturntransit durch das 1. Haus noch müde. Diese Müdigkeit fühlt sich aber anders an als diejenige, die wir bei seinem Transit durch das 12. Haus empfunden haben.

Solange Saturn durch das 12. Haus lief, hatten wir uns in unsere Innenwelt zurückgezogen. Und da unser Unbewusstes stark aktiviert war, konnten wir weniger Energie für die Außenwelt aufbringen. Unser Unbewusstes war unmerklich damit beschäftigt, auf einer tieferen Ebene Probleme zu verarbeiten, klar Schiff zu machen und Dinge loszulassen, die in unserem Leben ausgedient hatten. Wussten wir dem nachzugeben, bewirkte der Transit von Saturn über den Aszendenten ein Gefühl von »Erwachen«. Es ist, als finde man wieder Verständnis für allerlei Dinge und Sachen finde, die zunächst wie Sand durch die Finger geglitten sind. All das wird nun greifbarer und lässt sich wieder steuern. Wie oft habe ich erlebt, dass Menschen, bei denen Saturn ins 1. Haus lief, plötzlich wieder eine Anstellung bekamen, und das, nachdem sie sich jahrelang vergeblich beworben hatten. Manchmal wurde ihnen sogar eine Stelle angeboten!

Ich hörte einmal, wie jemand den Übergang vom 12. ins 1. Haus sehr schön charakterisierte:

»Es ist so, als ob ich über eine Brücke liefe, in ein neues Land, auf einen Neubeginn zu. In meiner Hand trage ich lediglich einen kleinen Koffer. Das ist alles, was ich brauche, alles andere habe ich als Ballast hinter mir gelassen!«

Und genauso ist es, wenn der Prozess von Saturn durch das 12. Haus gut verlaufen ist. Man hat sich von unnötigem Ballast befreit und einen Strich unter Rechnungen aus der Vergangenheit gezogen. Jetzt kann man wieder von neuem beginnen, das bedeutet, eine neue Haltung in der Welt zu finden und eine neue Art, sich im Außen zu präsentieren. Da wir es aber mit Saturn zu tun haben, bringt er auch im 1. Haus seine Aufgaben und »Prüfungen« mit sich.

Das 1. Haus stellt unser Auftreten nach außen dar, unsere persönlichen Kontakte in der Außenwelt und auch unseren Körper, besonders unsere körperliche Erscheinung. Steht Saturn in diesem Haus – dem Haus unseres Körpers – kann er sicherlich auch Ermüdungserscheinungen mit sich bringen. Das muss aber nicht immer der Fall sein. Die Müdigkeit bei Saturn im 1. Haus hängt mit dem Gefühl zusammen, dass wir uns in unserer vertrauten Umgebung nicht wirklich wohl fühlen. Je weniger wir uns wohl fühlen, um so müder sind wir. Saturn zwingt uns hier, eine neue Haltung gegenüber der Außenwelt einzunehmen, und je weniger gut wir die Prozesse im 12. Haus (dem vorhergehenden Haus), im 9. Haus (dem vorhergehenden Feuer-Haus) und im 10. Haus (dem vorhergehenden kardinalen Haus) bewältigt haben, um so größer wird die Mühe sein, mit der wir versuchen, uns eine entsprechende Haltung zuzulegen; wir wissen aber nicht genau wie und bemerken auch des Öfteren, dass wir bei anderen nicht richtig ankommen.

Wir können übrigens auch dann einen falschen Eindruck erwecken, wenn wir innere Sicherheit verspüren und auf positiven Entwicklungen in den vorhergehenden Häusern aufbauen können. Stärker ausgeprägt erfahren wir uns möglicherweise als schwarzes Schaf oder bekommen für alles Erdenkliche die Schuld zugewiesen. Auch bei Kindern spielt das oft eine gravierende Rolle. Unabhängig davon, ob sie sich wohl in ihrer Haut fühlen oder nicht (mit Saturn im 1. Haus können sie sich wirklich prima fühlen), neigen sie dazu, die Dinge im »falschen Moment« zu tun. Diese Kinder machen beispielsweise über einen längeren Zeitraum ordentlich ihre Hausaufgaben, bis in einem ganz bestimmten Moment die Konzentration nachlässt und sie sich entschließen, schnell mal was anderes zu tun – vielleicht ein Comic lesen oder ein Computerspiel spielen. Ausgerechnet in diesem Augenblick kommt der Vater oder die Mutter ins Zimmer und sieht, dass die Hausaufgaben vernachlässigt werden. Solche Probleme des Timings sind kennzeichnend für den transistierenden Saturn im 1. Haus.

Auf die eine oder andere Weise scheinen wir bei seinem Lauf durch das 1. Haus Widerstand in anderen Menschen hervorzurufen, vielleicht weil er uns hier die Tendenz gibt, distanzierter zu wirken. Allerdings strahlen wir auch etwas eher Abwehrendes aus. Das bedeutet, je größer unsere Unsicherheit ist (und die Prozesse beim Saturntransit durch die vorangehenden Häuser weniger gut verarbeitet wurden), desto größer wird unsere Abwehr, womit sich auch die Probleme, die wir in der Außenwelt erfahren, verstärken. Müdigkeit und abwehrendes Verhalten können sich beispielsweise auch darin äußern, dass man nur schwer aus dem Bett kommt, launisch ist oder Ähnliches. Solch ein Verhalten ist einem angenehmem Kontakt mit unserer Umgebung natürlich nicht gerade förderlich.

Auch wenn man sich innerlich wohl fühlt, strahlt man häufig aus, dass man seine Ruhe haben will. Kurz gesagt, man ist einfach etwas weniger zugänglich als sonst und vielleicht auch häufiger »abwesend«. Und das im wahrsten Sinne des Wortes, weil man keine Lust hat, nach »draußen« zu gehen, zieht man sich auf sicheres Terrain zurück. Im übertragenen Sinn ist man bei Kontakten und Gesprächen viel schneller in Gedanken versunken oder mit seinen eigenen Dingen beschäftigt. Diese »Abwesenheit« kann übrigens äußerst kreative Folgen haben, beispielsweise die, etwas zu lernen oder sich mit Dingen zu beschäftigen, von denen man wirklich profitiert. Darum geht es hier aber weniger. Im Mittelpunkt des 1. Hauses steht die Art und Weise, in der man sich der Außenwelt öffnet. Diese Offenheit ist aber jetzt eher gering.

Viele Menschen erleben beim Saturntransit durch ihr 1. Haus, dass sie mit Dingen beschäftigt sind, die anders sind, als ihre Umgebung das gewohnt ist oder als »normal« ansieht. Ob es sich dabei um Interesse an Astrologie in einer konservativen Umgebung handelt oder um die Mitgliedschaft in einer politischen Partei, die nicht dem Geschmack der Umgebung entspricht, spielt keine Rolle. Es ist, als ob Saturn im 1. Haus uns dazu neigen lässt, uns in der Außenwelt so zu präsentieren, dass wir leicht Schattenreaktionen hervorrufen. Selbst diejenige, die sich beispielsweise schon längere Zeit mit Astrologie beschäftigen, werden beim Saturntransit durch das 1. Haus eher angegriffen als zuvor.

Saturn im 1. Haus macht uns sehr deutlich, welchen Eindruck wir in der Außenwelt erwecken wollen, welche Haltung wir für uns selbst am passendsten finden, wie wir gesehen werden wollen und wie wir – symbolisch gesprochen – die Zugbrücke unserer Burg ausstatten wollen. Saturn zwingt uns, Entscheidungen zu treffen, die zu uns selbst gehören. Aber wie bei allen Transiten von Saturn haben viele dieser Entscheidungen zur Folge, dass wir alleine dastehen. Die Wahrscheinlichkeit von Missverständnissen oder Zurückweisungen ist groß, wobei auch die Art unseres Auftretens und unserer Wirkung auf andere Menschen eine Rolle spielt.

Die Brücke oder Verbindung zur Außenwelt hat auch in großem Maße mit unserem Äußeren zu tun – unserer Kleidung. Wenn Saturn das 1. Haus transistiert, besteht zudem ein größeres Unfallrisiko, möglicherweise trägt man einen Knochenbruch, Prellungen oder etwas anderes davon, etwas, das einen äußerlich verletzt. In den weitaus meisten Fällen heilen diese Verletzungen gut, und doch entfaltet Saturn auch hier seine hemmende Wirkung und bringt die entsprechenden Fragen mit sich. Traut man sich noch unter Menschen, wenn man sich bei einem Sturz im Gesicht verletzt hat und dieses nun angeschwollen ist? Wie stark hängt unser Selbstwertgefühl von unserem Äußeren ab? Wie abhängig kann man von anderen sein, wenn man aufgrund eines verstauchten Fußes humpelt und Hilfe braucht? Oder haben wir uns immer wieder hinter der Maske einer sicheren Haltung von Unabhängigkeit versteckt? Diese und ähnliche Fragen stellt uns Saturn beim Transit durch das 1. Haus. Beruht unser Auftreten und unsere persönliche Erscheinung auf innerer Kraft oder auf Angst vor der Außenwelt? Fürchten wir uns davor, in einen wahren Kontakt mit ihr zu treten? Haben wir Angst vor Missbilligung?

Bei Saturns Lauf durch das 1. Haus scheint es, als liefen wir mit einem Spruchband herum, auf dem zu lesen steht: »Schießen Sie ruhig auf mich!« Zu Unrecht beschuldigt werden, den schwarzen Peter zugespielt bekommen – all das passiert bei Saturn im 1. Haus sehr viel leichter als sonst. Selbst wenn man sich innerlich noch so sicher fühlt, kann man zu Recht böse werden über so viel Unrecht und unberechtigte Anschuldigungen. Fragen Sie sich aber einmal, in welchem Maß Sie durch Derartiges aus dem Gleichgewicht geraten. Echte innere Stabilität heißt, ärgerlich zu werden und anschließend das Problem in seinem tatsächlichen Ausmaß zu erkennen, und zwar ohne schlaflose Nächte haben zu müssen. Fehlt es aber noch an genügend innerem Rückhalt, läuft man Gefahr, von Zorn und Empörung überrollt zu werden. Jemand, der sich völlig von der Außenwelt abhängig gemacht hat, kann durch solche Beschuldigungen sogar seine gesamte Welt, seine Sicherheit und seinen festen Boden unter den Füßen verlieren. Er kann in Schwierigkeiten geraten, sich aber dennoch unberührt zeigen – scheinbar kühl –, um die negativen Gefühle nur ja nicht durchleben zu müssen. Allerdings werden dann auch die positiven Gefühle aus seiner Umgebung nicht mehr zu ihm durchdringen können, was ihn immer mehr in die Isolation treibt. Diese Abwehr- und Verdrängungsprozesse kosten sehr viel Energie, was sich dann als Müdigkeit bemerkbar macht. Mit einem wirklich stabilen Rückgrat wirkt man völlig anders. Man nimmt eine milde und ruhige Haltung ein, ist verständnisvoll und – wenn nötig – stellt man die Dinge richtig; verständnisvoll ohne auf sich herumtrampeln zu lassen!

Die Aufgabe von Saturn lautet: *Hast du innerlich so viel Rückgrat, dass du im Stande bist, ohne Aggressionen zu erwecken, du selbst zu bleiben und Abstand zu den Dingen zu wahren, die du nicht gut findest, und ruhig mit den Dingen in See zu stechen, die wirklich zu dir gehören? Bist du stark genug, die Konfrontation mit deinen Schattenseiten zu überstehen? Und wie reagierst du auf ungerechtfertigte Anschuldigungen?*

Kleinere Kinder können während des Saturntransits durch das 1. Haus einen großen Schritt in Richtung Selbständigkeit machen. Abhängig von ihrem Alter ruft dies jedoch eher paradoxe Gefühle hervor. Auch sehr kleine Kinder wollen vieles selbst in die Hand nehmen und das Gefühl haben, auf eigenen Beinen stehen zu können – um in erwachsenen Begriffen zu denken –, gleichzeitig spüren sie aber in vielerlei Hinsicht auch ihre Abhängigkeit von den Eltern. Diese Kinder werden sensibler gegenüber Verboten und Verpflichtungen, aber indem man ihnen die Dinge erklärt und sie ernst nimmt, geht das im Allgemeinen gut ab. In solch einer Periode fühlt sich ein Kind auch schneller zurückwiesen als sonst. Ein Kind muss aber lernen, mit der Welt in Kontakt zu treten, und die erste Stufe hierzu ist die »Zugbrücke«, sein Aszendent. In dieser Zeit ist das Kind sehr verletzbar, weil es empfänglicher für Zurückweisungen ist und schneller zur Abwehr neigt. Deshalb ist es sehr wichtig, dass das Kind sich in dieser Periode sicher fühlt und weiß, dass es ernst genommen wird.

Der rote Faden durch die Feuer-Häuser

Während des Saturntransits durch das 9. Haus ging es um unser eigenes Urteilsvermögen, unsere eigene Meinungsbildung und die Art, wie wir für uns selbst realistische Ziele entwickeln konnten. Haben wir damals ein Ziel finden können? Gelang es uns, eine eigene Sicht der Dinge, die für uns wichtig sind, zu formulieren und zu erfahren, und vor allem, konnten wir innerlich damit umgehen? Wenn dem so ist, werden uns jetzt Konflikte über Meinungsverschiedenheiten wesentlich weniger berühren. Wir wissen, dass es Unterschiede gibt und dass das auch so bleibt, und wir wissen, dass unsere Sichtweise genauso viel wert ist wie die der anderen.

Haben wir uns allerdings im 9. Haus in eine »Scheinansicht« geflüchtet, indem wir uns beispielsweise kritiklos mit einer bestimmten Theorie oder Kosmologie identifiziert haben, wird Saturn im 1. Haus für eine Konfrontation mit der Außenwelt sorgen. Er bringt uns beispielsweise dazu, den Folgen unserer unflexiblen Sichtweise, die vielleicht anderen gegenüber bewertend ist, ins Auge zu blicken. Eine verkrampfte Sichtweise trennt uns von anderen Menschen, und das ist das Risiko, dem wir jetzt ausgesetzt sind. Das bedeutet auch, dass wir, wenn diese Art von Konfrontationen jetzt auftreten, dazu im Stande sind, unsere Auffassungen kritisch in Augenschein zu nehmen und sie eventuell zu korrigieren.

Das Gefühl von Sinnhaftigkeit und Zielgerichtetheit im 9. Haus ist jetzt die Basis, von der aus wir in der Außenwelt unsere Position einnehmen können – innerlich sind wir jetzt nicht mehr so leicht aus dem Feld zu schlagen. Jetzt müssen wir uns wirklich darum bemühen, uns selbst zu finden und Stabilität zu entwickeln. Wenn nämlich Saturn bald in unser 5. Haus eintritt, wird die Kraft unserer inneren Autorität und das Maß getestet, mit dem wir spielerisch und flexibel mit dem Prozess unserer Selbstdurchsetzung umgehen können.

Der rote Faden bei den kardinalen Häusern

Als Saturn durch das 10. Haus lief, stand sehr deutlich unsere Rolle in der Außenwelt im Mittelpunkt. Unsere Position in der Gesellschaft, die Identität, die man sich selbst zugemessen hatte und alles, womit man sich identifizierte, trat damals zu Tage. Welche Entscheidungen haben Sie getroffen? Haben Sie sich teilweise selbst »verkauft«, damit Sie auch weiterhin dazugehören konnten? Dann erfahren Sie jetzt eine Reaktion, da Saturn im Transit uns im 1. Haus wieder mit unserer Rolle in der Außenwelt konfrontiert. Und wieder stellt sich die Frage, wie abhängig wir sind und wofür wir den Mut aufbringen geradezustehen. Es ist wichtig, darauf eine Antwort zu finden, denn bald bekommen wir wieder eine Reaktion zu spüren, und zwar, wenn Saturn durch das folgende kardinale Haus, das 4. Haus, läuft... Wenn wir im 10. Haus unsere Identität von der Außenwelt abhängig gemacht haben und dies im 1. Haus nicht richtig gestellt haben, entwickeln wir unmerklich auch eine emotionale Abhängigkeit von den Menschen, die uns am nächsten stehen – von unserer Familie. Da man das selbst nicht erkennt, führt das manchmal zu einem ausgeprägt kindlichen Verhalten oder aber zu übertriebener Dominanz. Läuft Saturn dann durch das 4. Haus, bekommen wir die Rechnung präsentiert.

Verläuft dieser Prozess aber gut und wir kommen uns selbst bei jedem Transit etwas näher, dann dient dieser Transit als Vorbereitung auf den durch das 4. Haus. Hier werden wir nun spüren, wie wichtig die kleinen Dinge im Leben sind und wir können lernen, Einfachheit und Schlichtheit zu genießen.

Das Oppositions-Haus

Der Saturntransit durch das 1. Haus bringt die Neigung zum Rückzug mit sich, der sich auch direkt auf das 7. Haus auswirkt, wodurch sich der Partner ebenfalls eingeschränkt fühlen kann. In Bezug auf Arbeitsgemeinschaften scheint man schwerer erreichbar zu sein. Das heißt nicht, dass man das bewusst anstrebt, trotzdem ist bei unmittelbaren Kontakten eine Art Mauer spürbar. Begreift man, was sich da abspielt, wird man verdeutlichen können, dass man etwas mehr Zeit für sich selbst braucht und dass diese Verschlossenheit nichts mit dem anderen zu tun hat – das geht wieder vorbei. Wenn Sie auch sonst Schwierigkeiten mit Beziehungen haben, sollten Sie darauf achten, Ihre Neigung zum Rückzug nicht dazu zu benutzen, sich dahinter zu verstecken, nur um nichts mehr an der Beziehung tun zu müssen. Auch diejenigen, die sich ständig eine Menge Arbeit aufladen, um sich Problemen und vor allem Beziehungsproblemen nicht stellen zu müssen, werden die Tendenz verspüren, sich während dieses Transits völlig in ihrer Arbeit zu vergraben.

Bei Kindern bezieht sich das 7. Haus nicht auf das Thema Partnerschaft. Hier habe ich das 7. Haus häufig eine Rolle beim Sozialisationsprozess spielen sehen sowie bei der Anpassung an und der Berücksichtigung von ungeschriebenen Regeln, wie man sich Bekannten gegenüber und überhaupt in seiner Umgebung korrekt verhält. Es dürfte deutlich sein, dass die Reaktion beim Saturntransit durch das 1. Haus im 7. Haus ein Verhalten mit sich bringt, das diesen Regeln kaum Beachtung schenkt. Die Haltung »Lass mich in Ruhe« wird dann eher die Oberhand gewinnen. Dieses Kind sollte man nicht dazu zwingen, bei einem Partyspiel unbedingt mitmachen zu müssen! Ihm aber bestimmte Regeln zu erklären, auch, warum diese wichtig sind, wird immer auf fruchtbaren Boden fallen.

Der Einfluss auf das folgende Haus

Was wir mit den Erfahrungen beim Saturntransit durch das 1. Haus anfangen, hat Folgen für das 2. Haus. Im 2. Haus geht es nicht vorwiegend um unser Geld, hier finden sich vielmehr auch die Grundzüge unseres Charakters, die uns Sicherheit geben. Einer dieser Grundzüge ist unsere Motivation. Wenn wir beim Saturntransit durch das 1. Haus in Angst und Abhängigkeit von anderen verharren, dürfte klar sein, dass wir mit Saturn im 2. Haus große Schwierigkeiten bekommen können, uns selbst noch zu motivieren. Wenn es uns aber bei Saturn durch das 1. Haus gelungen ist, unser Rückgrat zu stärken, werden wir bei seinem Lauf durch das 2. Haus sehr genau spüren, dass wir eine Menge an Motivation entwickeln können. Ja, wir können sogar erleben, dass diese Motivation allein aus uns selbst kommt, wenn wir in Schwierigkeiten geraten oder vor problematische Entscheidungen auf dem Gebiet des 2. Hauses gestellt werden.

Saturn durch das 2. Haus

Ungeachtet dessen, ob wir mit dem Saturntransit durch das 1. Haus innere Standfestigkeit und Sicherheit in Bezug auf unsere Haltung im Außen gefunden haben oder nicht, werden wir spüren, dass die wirklich negativen Projektionen, wie wir sie im 1. Haus erlebt haben, jetzt schnell abnehmen und sogar ganz verschwinden, wenn Saturn die Grenze zum 2. Haus überschritten hat – andere Progressionen und Transite, die hiermit zusammenhängen können, natürlich außer Acht gelassen. Ein neues Thema kündigt sich an und die zentrale Frage lautet:

Kannst du auch du selbst bleiben, wenn du weniger Mittel zur Verfügung hast, hast du dich unbewusst von Geld und Materie abhängig gemacht? Wie abhängig bist du in deiner Motivation und in deinem Funktionieren davon, ob du Sicherheit und etwas »auf der hohen Kante« hast? Ist deine Anerkennung in der Außenwelt vom Materiellen abhängig? Aber noch eine ganz andere Frage stellt sich hier: *In welchem Maß akzeptierst du deinen Körper?*

Bei den Erde-Häusern steht das Thema der konkreten Sicherheit immer im Vordergrund, einschließlich der Frage, wie wir dieser Sicherheit Form geben. Wenn wir uns beim Saturntransit durch das 1. Haus in unserem Auftreten in der Außenwelt aber kein eigenes Rückgrat aneignen konnten, dürfte klar sein, dass wir auch im 2. Haus eher Unsicherheit erfahren werden.

Viele Menschen bekommen es beim Saturntransit durch das 2. Haus mit Fragen und Problemen finanzieller Art zu tun. Obwohl hier der Eindruck erweckt wird, dass es im 2. Haus allein um Geld geht, ist das sicher nicht der Fall. Wir werden gleich eine tiefgründigere Seite des 2. Hauses unter die Lupe nehmen.

Um einige finanzielle Probleme zu benennen, mit denen wir konfrontiert werden können: geringeres Einkommen (unabhängig von den Gründen), unvorhersehbare (Un)-Kosten, plötzlich entstehende höhere Ausgaben, größere finanzielle Verpflichtungen, ob sie nun freiwillig übernommen wurden oder nicht, Zurücknahme von Zuschüssen, neue Steuervorschriften, die sich nachteilig auswirken, Probleme mit Investitionen, Wertminderung bei Aktien oder anderen Besitztümern etc.

Hier treffen wir auf Umstände, die uns über den Weg der Konfrontation helfen, Einsichten darüber zu gewinnen, wie sehr wir unser Seelenheil im Äußeren festgemacht haben. Meistens rate ich Klienten bei einem Saturntransit durch das 1. Haus, sich für den Fall, dass sie früher als erwartet ihr Auto, ihre Waschmaschine oder andere Geräte ersetzen müssen, einige Rücklagen zu schaffen, bevor Saturn ins 2. Haus eintritt!

Häufig geschieht es aber auch, dass Menschen während des Saturntransits durch das 2. Haus neue Chancen in Beruf, Studium oder anderen wichtigen Dingen angeboten bekommen. Allerdings sind diese Möglichkeiten oft mit hohen Kosten verbunden. Aufgrund der Situation, in der man sich gerade befindet, ist der Preis eigentlich zu hoch. Saturn scheint hier zu fragen: *Was ist es dir wert, in deine Zukunft zu investieren?* Das Abwägen einer solchen Investition ist im 2. Haus oft schwieriger als in den anderen Häusern. Die Unsicherheit über den möglichen Nutzen ist größer als sonst, und man quält sich viel länger mit der Frage herum, ob es wirklich Sinn hat oder von Nutzen ist, die Sache in Angriff zu nehmen und ob die Investition jemals wieder hereinkommt. Ich kenne beispielsweise jemanden, dem sich die Möglichkeit bot, einen frei gewordenen Platz in einer Ausbildung zu bekommen, die er schon immer gerne absolviert hätte. Die Ausbildung war allerdings nicht billig. Außerdem wurde er mit der unangenehmen Tatsache konfrontiert, dass es durch eine ökonomische Verschlechterung Anzeichen dafür gab, wonach ausgerechnet bei diesem Beruf die Nachfrage rapide abnahm, weil diese Tätigkeit zu einem eher luxuriösen Bereich gehört. Folglich wird ausgerechnet dann, wenn man die Möglichkeit bekommt, etwas zu tun, was einem gefällt und wozu man außerdem motiviert ist – aber viel Geld kostet –, die Sicherheit unterminiert. Dann bleibt nur noch, sich aus eigener Motivation heraus zu entscheiden und nicht länger aufgrund der Tatsache, dass diese Entscheidung Geld einbringen wird. Da Saturn auch ein Realist ist, kann er uns positiv gesehen im 2. Haus lehren, realistischer mit Geld umzugehen. Vergessen wir nicht, dass Saturns Schlichtheit auch eine positive Seite hat und uns bei seinem Lauf durch das 2. Haus zu Sparsamkeit anregen und uns das Gefühl vermitteln kann, dass man nicht alles haben oder kaufen muss, was einem gefällt. Dann stellt sich die Frage, ob man dieses oder jenes tatsächlich braucht oder ob es sein Geld auch wert ist. Selbst Überlegungen grundsätzlicherer Art sind möglich: »Leiden wir nicht an übermäßigem Konsum und sollten wir die Dinge nicht lieber etwas ruhiger angehen lassen?« Ich habe Menschen erlebt, die beim Saturntransit durch das 2. Haus freiwillig weniger konsumierten, ohne dass dem ein finanzielles Problem zugrunde gelegen hätte. Eine neue Überzeugung begann sich durchzusetzen, die zu einer anderen Sichtweise über den Stellenwert von Geld und Besitz führte – mit anderen Worten, es entstand ein neues Wertmuster. Und damit sind wir bei einer weiteren Facette des 2. Hauses angelangt.

Psychologisch steht das 2. Haus auch für die Werte, die uns Halt und Sicherheit geben. Was ist uns wirklich wichtig, was sind unsere Ausgangspunkte im Leben? Das können unsere Auffassungen über die Gesellschaft – moralische, aber auch spirituelle Werte – sein. Saturn im Transit durch das 2. Haus kann mit diesen Themen eine Konfrontation für uns bereithalten. Warum sind diese Werte so wichtig für uns? In welchem Maß haben wir uns an all dem festgehalten, um ein Gefühl von festem Boden unter den Füßen zu haben? Handelt es sich wirklich um unsere eigenen Werte? Oder hat man sie uns in unserer Jugend aufgezwungen? Haben wir sie vom Partner, der Umgebung oder anderen Quellen übernommen und sie dann zu unseren eigenen gemacht? Saturn fordert uns hier auf, unsere eigene Position zu bestimmen. In seiner Funktion als »Saubermacher« wird er wahrscheinlich eine Reihe von Werten und Auffassungen verschwinden lassen, um Platz für neue zu schaffen. Zumindest dann, wenn wir uns aus Angst und Unsicherheit nicht allzu sehr mit den alten Werten verbunden haben!

Unsere inneren Wertvorstellungen dienen gleichzeitig als Quelle unserer Motivation. Wofür können wir uns erwärmen und wofür nicht? Saturn verhilft uns im 2. Haus dazu, hierin klarer zu sehen. Viele Menschen, die bis zu diesem Zeitpunkt ein Leben führten, das zwar nicht sonderlich problematisch verlief, aber nicht wirklich zu ihnen passte, erlebten beim Saturntransit durch das 2. Haus Schwierigkeiten, weil es ihnen an Motivation mangelte. Sie empfanden allgemein ein vages, schwer fassbares Gefühl von Unlust. Im Grunde genommen hatten sie eigentlich zu nichts mehr wirklich Lust und das ohne erkennbare Ursache. Einige schienen sogar auf eine Depression zuzusteuern. Wenn sich solche Signale von Unlust melden, ist es sehr wichtig herauszufinden, wozu man denn nun eigentlich keine Lust mehr verspürt (manchmal ist das eine ganze Menge), und wie man sich bei dem, was man tut, fühlt. Manchmal geht es nicht um die Aktivitäten an sich, sondern um die Art und Weise, wie man sie tut. Setzen Sie sich selbst ständig unter Druck? Treiben Sie sich selbst immer wieder an? Gehören hohe Ansprüche und Perfektionszwang zu Ihren Wertvorstellungen? Dann sind es diese Dinge, die nach Veränderung verlangen.

Es kann aber auch sein, dass man zu viel zurückgesteckt hat in seinem Leben und zu wenige Dinge für sich selbst hat tun können. Hierbei geht es nicht um Hobbys oder andere Vorlieben, sondern um eine allgemeine Einstellung, die mit bestimmten

Werten und Auffassungen zu tun hat. Sich hinter jemand anderem zu verstecken, ist auch eine Form von Sicherheit! Mit Saturn im 2. Haus wird an all dem genagt, und das muss man sich klar machen. Versuchen Sie, so weitläufig wie möglich über dieses Thema nachzudenken! Sind Sie beispielsweise auf einem bestimmten Hintergrund (ob religiös oder in Richtung New Age oder was auch immer) erzogen worden, zeigen Sie teilweise (oder gar grundsätzlich) ein Verhalten, das aufgrund dieser Prägungen für Sie selbstverständlich war. Wenn Saturn durch das 2. Haus läuft, ist das nicht mehr ganz so selbstverständlich, es nagt etwas an uns. Dieser Prozess wurde bereits mit Saturns Eintritt in das 1. Haus, in dem es darum ging, wie man sich in der Außenwelt präsentiert und abgrenzt, in Gang gesetzt. Jetzt geht es um einen tiefer greifenden Prozess. Kann die Lebenshaltung, von der aus Sie zu handeln gewohnt sind, Sie noch motivieren? Dies kann wirklich alles beinhalten. Was ich verschiedene Male erlebt habe, war etwa eine Veränderung der Ernährungsgewohnheiten. Dabei ging es nicht um die soundsovielte Schlankheitsdiät, sondern um etwas wesentlich Tiefgründigeres. Beispielsweise bevorzugten Vegetarier, deren Eltern ebenfalls Vegetarier waren, auf einmal Fleisch – oder umgekehrt. Oder jemand hatte sich bisher makrobiotisch ernährt und entdeckte nun seine Vorliebe für Pommes frites. Die Suche nach einer eigenen Geschmacksrichtung (die Greifbarkeit des 2. Hauses) ist ein gutes Beispiel für das Auffinden tieferer Werte; nur diese können uns dauerhaft motivieren.

Saturn im Transit durch das 1. Haus hatte auch eine körperliche Komponente. Beim 2. Haus geht es ebenfalls um unseren Körper, der Hintergrund ist allerdings ein anderer. Wenn wir gerade geboren sind, wird der erste Kontakt mit der Materie in der Außenwelt durch unseren Körper bestimmt. Die Art, in der wir gehalten und liebkost werden, das Maß, in dem wir körperliche Sicherheit durch ausreichende Nahrung, Versorgung, saubere Windeln und Zärtlichkeit erfahren, ist mitbestimmend für die Art, mit der wir auch später nicht nur die Materie außerhalb unseres Selbst betrachten, sondern auch dafür, in welchem Maß wir Vertrauen in unseren eigenen Körper haben. Unangenehme Erfahrungen bei Hautproblemen, die eine Berührung zum Problem machen; die beängstigende Erfahrung, fast an einem Bonbon zu ersticken; ein Unfall in einem sehr frühen Stadium oder eine strenge Sauberkeitserziehung, bei der Zwang ausgeübt und die Beherrschung des Körpers diktiert wurde, üben einen tiefen Eindruck auf ein Kleinkind aus und haben zur Folge, dass es eher dazu neigen wird, sich an äußerem Halt festzuklammern und den eigenen Körper abzulehnen. Wenn dann Saturn durch das 2. Haus läuft, fordert er die Verarbeitung dieser frühen Frustrationen. Er fragt uns, wie es um die Akzeptanz unseres Körpers steht. Von daher kann man bei Saturn durch das 2. Haus Schwierigkeiten bezüglich seiner äußeren Erscheinung haben. Mir sind oft Frauen begegnet, die bei Saturns Transit durch das 2. Haus als Folge größerer Unzufriedenheit mit sich selbst öfter zu Süßigkeiten griffen, womit sie das Problem nur noch vergrößerten. Sie wurden natürlich unweigerlich dicker und lehnten daraufhin ihren Körper noch vehementer ab.

Andererseits habe ich erlebt, dass Menschen, die sich in dieser Zeit einer körperorientierten Therapie unterzogen – beispielsweise Haptonomie oder Bioenergetik – sich sehr gut erholten. Sie fanden Klarheit in Bezug auf ihre psychischen Probleme, die sie körperlich ausgelebt hatten, erlangten die Kontrolle darüber und waren im Stande, sich von alten körperlichen Fesseln zu befreien.

Kleinkinder im Alter der Sauberkeitserziehung sind beim Saturntransit durch das 2. Haus besonders empfindlich gegenüber Bemerkungen der Eltern oder der Betreuungspersonen. Es ist sehr wichtig, Kindern ein gutes Gefühl zu ihrem Körper mitzugeben; das ist ein äußerst verletzbarer Punkt bei Kindern. Das gilt zwar ganz allgemein, aber besonders vorsichtig sollte man mit Kindern umgehen, bei denen Saturn durch das 2. Haus läuft, egal in welchem Alter sie sind. (Übrigens können auch Erwachsene noch ziemlich viele Probleme mit diesem Thema haben.)

Materie hat auch noch eine weitere Komponente. Im 2. Haus können wir zum Sklaven der Materie werden, aber wir können die Materie auch zu unserem eigenen »Sklaven« oder Instrument machen. Hier können wir uns selbst auch mit Hilfe von Materie ausdrücken, deshalb hat das 2. Haus auch mit Kunst und künstlerischer Gestaltung zu tun. Wenn Saturn durch das 2. Haus läuft, nimmt er zwar nicht gerade eine besonders gute Position ein, um auf gut Glück mit dem Malen oder Zeichnen zu beginnen, trotzdem ist dies eine hervorragende Zeit dafür, systematisch und methodisch Techniken auf diesem Gebiet zu erlernen und sich mit den entsprechenden Materialien auseinander zu setzen. Übrigens läuft man auch hier Gefahr, dass Saturn einem die Pistole auf die Brust setzt und nachfragt, ob dies auch tatsächlich dem eigenen Willen entspringt!

Der rote Faden durch die Erde-Häuser

Das letzte Erde-Haus, das Saturn transistierte, war das 10. Haus. Während dieser Periode war es notwendig, die eigene Identität abzugrenzen und gesellschaftliche Entscheidungen zu treffen. Die Form, die man damals seinem Leben gab, ist mitbestimmend für die Motivation, die man jetzt aufbringen kann, um weiterzukommen. Stellen Sie sich vor, dass Sie damals keine Entscheidungen von innen heraus getroffen haben, sondern beispielsweise Geld als Kriterium für Ihre Position angesehen oder sich an bestehende Normen angepasst haben. Beim Saturntransit durch das 2. Haus verliert man dann einen großen Teil seiner Motivation und neigt obendrein weniger dazu, finanzielle Sicherheiten aufs Spiel zu setzen, um in eine Zukunft zu investieren, die doch nicht zu einem selbst gehört. Und als ob Saturn uns austesten wollte, sind die neuen Möglichkeiten, doch noch man selbst zu werden, niemals die preiswertesten!

Wenn man im 10. Haus Entscheidungen für einen Beruf, eine gesellschaftliche Position und/oder Identität trifft, die wirklich zu einem selbst gehören, bricht bei Saturn durch das 2. Haus eine Zeit an, in der wir der Sache eine neue Grundlage geben müssen. Alte Muster und Formen, die uns Sicherheit gaben, sind jetzt überholt (beispielsweise, weil Zuschüsse wegfallen), jetzt muss man aus eigener Kraft das Neue zustande bringen oder Bestehendes fortführen. In den meisten Fällen wird man Risiken auf sich nehmen müssen, und es stellt sich die Frage, ob man (auf der konkreten Ebene) ausreichend Vertrauen in sich selbst und in die Zukunft hat, um den Mut für notwendige Investitionen aufzubringen. Handelt es sich um gut überlegte Investitionen, werden sie sicher auch Früchte tragen – normalerweise aber nicht, solange Saturn noch durch das 2. Haus läuft. Bei Menschen, die bei Saturn durch das 10. Haus zu ihnen passende Entscheidungen getroffen haben, besteht auch die Möglichkeit, dass sich Saturn mit seinen Qualitäten von Regelmäßigkeit und Klarheit auswirken wird, für ein geregeltes Einkommen sorgt und einem das Gefühl gibt, zu wissen, woran man ist.

Der rote Faden durch die fixen Häuser

Als Saturn durch das 11. Haus, das vorhergehende feste Haus, lief, wurden wir mit der Frage konfrontiert, inwieweit wir in unserer sozialen Umgebung lediglich eine Rolle spielen, um akzeptiert zu werden, oder ob wir mit anderen auf der Basis von Gleichwertigkeit umgehen konnten, ohne unsere eigenen Werte und Normen preiszugeben. Das Verhalten von damals bestimmt unsere jetzige Motivation mit! Hat man seine Werte und Normen denen der anderen angepasst, hat man jetzt nur wenig, woraus man eine eigene Motivation beziehen könnte. Wenn man damals den Mut hatte, bei sich selbst zu bleiben, kann man die Normen und Werte, die einem Sicherheit geben, jetzt gelassen unter die Lupe nehmen und, wenn nötig, revidieren.

Ließ man sich bei Saturns Lauf durch das 11. Haus aus Angst

vor Zurückweisung sehr stark von anderen leiten und hat sich selbst zu sehr zurückgenommen, wird man beim Saturntransit durch das 2. Haus in dem Sinn einen Rückschlag erleben, dass man sich noch abhängiger von anderen verhält. Ja, es wird sogar sehr schwierig sein, jetzt Sicherheit in sich selbst zu finden, was einen noch stärker zu der Gruppe hinzieht, mit der man sich identifiziert. In dieser Zeit läuft man außerdem Gefahr, von Menschen in der Umgebung ausgebeutet zu werden, auch in materieller Hinsicht.

Ist dieser Prozess gut verlaufen, wird das Umgekehrte der Fall sein: Man kann geradezu zur Stütze für andere werden, ohne seine Position zu missbrauchen, weil man den anderen nicht braucht, um Sicherheit für sich selbst zu finden.

Das Oppositions-Haus

In dem Maße, in dem wir ein stärkeres Gefühl dafür entwickeln, festen Boden unter die Füße zu bekommen, verringert sich auch unsere Angst, Problemen ins Auge zu schauen und sie zu verarbeiten (8. Haus). Mit anderen Worten können Sicherheit und Klarheit im 2. Haus uns dabei helfen, im 8. Haus den Mut aufzubringen, unsere Schwierigkeiten anzugehen. Wenn wir allerdings noch verstärkt mit Werten und Normen zu kämpfen haben und demotiviert sind, heißt das umgekehrt auch, dass wir jetzt nicht gerade auf eine Konfrontation mit den inneren Tiefen unseres 8. Hauses aus sind. Saturn im Transit durch das 2. Haus hat also beträchtliche Folgen für das, was wir im gleichen Moment im 8. Haus tun.

Ich konnte regelmäßig feststellen, dass Menschen beim Saturntransit durch das 2. Haus unter sexuellen Problemen litten. Lustgefühle verschwanden, eine Angst vor dem Körper machte sich breit, es gab Schwierigkeiten, sich hinzugeben oder es war irgendwie nicht mehr möglich, zu genießen. Sexualität hängt sowohl mit dem 2. als auch mit dem 8. Haus zusammen. Im 2.

Haus geht es vor allem um die körperliche Komponente. Wenn man beim Transit von Saturn durch das 2. Haus Schwierigkeiten mit seinem Körper erlebt, kann das logischerweise auch Auswirkungen auf unsere Sexualität oder deren Erleben haben. Das 8. Haus bringt uns die emotionale Hingabe und die Tiefe unseres sexuellen Erlebens, wenn aber im 2. Haus unser Körper nicht wirklich mitarbeitet oder wir psychische Probleme mit ihm haben, können wir im 8. Haus die Tiefe unseres Erlebens auch vergessen!

Beschäftigt man sich jetzt hingegen intensiv mit der Frage, warum man seinen Körper ablehnt, kann man umgekehrt auch erleben, dass man seinen Körper und seine Sexualität intensiver genießen kann.

Der Einfluss auf das folgende Haus

Worüber spricht man im 3. Haus? Wenn wir bei Saturn durch das 2. Haus demotiviert geblieben sind und nicht den Faden aufgegriffen haben, um an unseren Normen und Werten zu arbeiten, können wir bei seinem Transit durch das 3. Haus keine wirklich tiefsinnigen Gespräche führen. Man bleibt an der Oberfläche, verspürt auch in der alltäglichen Kommunikation wenig Sicherheit und wird abhängiger vom Gesprächspartner. Konnte man aber mit Saturn durch das 2. Haus ein Gefühl von Sicherheit auf- und ausbauen, ist man im Stande, mit unterschiedlichen Erkenntnissen in Bezug auf Tatsachen gelassen umzugehen. Dann verspürt man im 3. Haus das Bedürfnis nach mehr Tiefgang und lässt sich weit weniger zu Klatsch und Geschwätz hinreißen. Außerdem neigt man viel weniger dazu, den Ideen anderer kritiklos zu folgen.

Saturn durch das 3. Haus

Von dem Moment an, wenn Saturn die Spitze des 3. Hauses passiert, wird man bemerken, dass man die Dinge irgendwie anders sieht als die Mitmenschen. Es ist aber noch komplizierter, denn sie scheinen uns nicht zu verstehen, wir kommen nicht bei ihnen an oder es entstehen Missverständnisse. Selbst wenn Kommunikation bislang kein großes Problem für uns war, von diesem Zeitpunkt an können wir mit der Schattenseite von allem, was mit Kommunikation in Wort und Schrift, mit kurzen, unverbindlichen Kontakten und mit Beförderung und Transport im Zusammenhang steht, konfrontiert werden. Um nur einzelne Probleme zu nennen: Es geht um Schwierigkeiten mit Geschwistern und Nachbarn, mit Studium und Ausbildung, mit geschriebenen Texten und Verträgen (denken Sie an das Kleingedruckte), um Probleme mit Verwaltung, Handel, Beförderung und Transport (Ihr Auto) bis hin zu Parkproblemen, Präsentationen, Public Relations und vieles mehr.

Wie bei allen Luft-Häusern steht jetzt die Frage im Mittelpunkt, wie wir unsere Beziehungen gestalten, wie sicher wir uns darin fühlen und wie abhängig wir von Kontakten mit anderen sind. Beim 3. Haus geht es um die selbstverständlichen Kontakte zu Geschwistern, Kontakte mit der näheren Umgebung, beispielsweise zu den Nachbarn, sowie um alles, was mit Verbindungen zu tun hat, vom Telefon bis hin zum Auto. Es geht auch um Verträge – eine andere Form von Verbindung. Saturn stellt uns auch hier wieder vor die entsprechenden »Prüfungen«. Im 3. Haus fragt er vor allem:

Wie sehr lässt du dich von der Außenwelt in Bezug auf deine Meinung umstimmen und inwieweit bleibst du bei deiner eigenen Sichtweise bezüglich der Tatsachen? Traust du dich, bei deiner Art und Weise zu bleiben, bestimmte Tatsachen einzuordnen?

Das ist nicht immer leicht, wie das folgende Beispiel eines jungen Mannes, bei dem Saturn ins 3. Haus lief, illustriert. Er war Student der Sprachwissenschaften und legte ein Examen in Literatur ab, auf das er sich wirklich gründlich vorbereitet hatte. Da er als Wassermann außerdem sehr am Schriftsteller als Mensch interessiert war, analysierte er die Literatur eher psychologisch, also von der menschlichen Seite her. Diese Vorgehensweise fesselte ihn, und er konnte sich in bestimmte Schriftsteller sehr gut hineinversetzen. Während seines Examens geriet er in einen tief greifenden Konflikt mit seinem Dozenten. Dieser Mann schien Steinbock zu sein; nicht allein, dass er überhaupt nichts über die psychologische und menschliche Seite der Literatur abfragte, er war auch gar nicht daran interessiert. Er vertrat die Meinung, dass Literatur vor allem auf dem Hintergrund der Zeit, in der sie geschrieben wurde sowie hinsichtlich der gesellschaftlichen Hintergründe, die sich darin widerspiegeln, zu betrachten sei. Für unseren Studenten war das eine äußerst begrenzte und oberflächliche Vorgehensweise; aber er war in Bezug auf die Fortsetzung eines Studiums abhängig von diesem Dozenten und dessen Beurteilung. Das ist die Pattstellung von Saturn. Der Student hat seinen Standpunkt so nuanciert zum Ausdruck gebracht, wie es ihm in diesem Moment möglich war. Er erkannte aber auch sehr genau, dass er, wenn er daraus eine Streitfrage machen würde, verlieren würde und seine Noten schlechter ausfielen, als er es verdiente. Er beschloss daher, keinen Streit zu provozieren und seinen Mund zu halten. Trotzdem blieb er – und das ist das Wichtigste bei Saturn im 3. Haus – seiner eigenen Analyse treu. Er wusste, dass er jetzt nichts ausrichten konnte, ließ sich aber nicht umstimmen und tauschte seine Analyse auch nicht gegen eine »bequemere« ein, nur um sich sein Studium zu erleichtern.

Saturn fordert hier von uns, dass wir der Sichtweise treu bleiben, die zu uns selbst gehört, unabhängig von der Meinung anderer und unabhängig von der Tatsache, dass Dozenten, bei denen wir ein Examen ablegen, eine bestimmte Antwort von uns erwarten, oder eine Examensarbeit, mit der wir innerlich nicht einverstanden sind. Mit Saturns Transit durch das 3. Haus werden wir auf unsere eigene Gedankenwelt, unsere eigene Sicht der Dinge zurückgeworfen. Daran festzuhalten und dementsprechend auch im Außen aufzutreten, wird ab und zu ausgesprochen problematisch sein. Autoren von Büchern, Artikeln oder Kolumnen sind jetzt anfälliger dafür, es mit dem einen oder anderen negativen oder schwarzgalligen Rezensenten zu tun zu bekommen, der ihre Arbeiten verreißt oder angreift – nicht selten zu Unrecht. Wie geht man nun damit um? Natürlich kann auch gerechtfertigte Kritik geübt werden, dann kann Saturn uns gerade im 3. Haus dabei helfen, zukünftig unsere Arbeit besser zu strukturieren und bestimmte Fehler zu vermeiden. Für Menschen mit einem für das 3. Haus typischen Beruf (ob Postbote, Bibliothekar, Schriftsteller oder PR-Agent spielt keine Rolle) bricht jetzt eine Zeit an, in der es darum geht, klar Schiff zu machen, aufbauende Kritik von außen zu ertragen, sich über Ärger mit Kleinigkeitskrämern, Nörglern und lästigen Menschen hinwegzusetzen, um erkennen zu können, wo Verbesserungen anstehen, wo es Wissenslücken gibt etc. Die Tatsachen, Analysen, Kritiken und Bemerkungen, die man jetzt vorgesetzt bekommt, können für einige Verwirrung sorgen. Denn es ist nicht von vornherein klar ersichtlich, ob es sich um ehrliche und gerechtfertigte Kritik handelt, oder um Bewertungen, die weder Hand noch Fuß haben, weil sie dem Neid, der Unehrlichkeit und anderen unschönen Motiven der Gegenpartei entspringen. Da diese Kritiken sehr »objektiv« verpackt sein können, greift Saturn im Transit durch das 3. Haus solche Dinge auch als eine Art Test auf und prüft, inwieweit wir an dieser Front zum Zweifeln gebracht werden können, inwieweit wir bei uns selbst bleiben und inwieweit wir nach Sicherheit suchen, indem wir uns der Kritik anderer unterordnen.

Weiterhin konnte ich erleben, dass Kinder während ihrer Grund- und Hauptschulzeit Schwierigkeiten mit ihren Lehrern bekamen, als Saturn durch ihr 3. Haus lief. Ihnen wurde beispielsweise ein Lehrer vorgesetzt, der sie nicht verstand oder der ihnen die Schuld an allem gab, was in der Klasse schief ging. Oder er zog andere Kinder grundsätzlich vor (zumindest dem Gefühl des betroffenen Kindes nach). Möglicherweise wurde auch ein sehr netter Lehrer krank und durch eine Vertretung ersetzt, die sich als sehr schwierig erwies, die den Lehrstoff nicht verständlich erklärte und Ähnliches. Ein Kind mit diesem Saturntransit kann in der Schule auch ängstlicher werden und eventuell das Gefühl haben, nicht mitzukommen und nicht gut genug zu sein. Übrigens kann Saturn auch jetzt Hilfestellung leisten: Wenn ein Kind mit Saturn durch das 3. Haus mit Lernschwierigkeiten und einem Mangel an Selbstvertrauen zu kämpfen hat, kann ihm eine sehr systematische und methodische Vorgehensweise mit klaren Richtlinien genau den Halt bieten, den es braucht. Hierbei fordert Saturn Regelmäßigkeit und Durchsetzungsvermögen, denn als »Väterchen Zeit« verlangt er nun einmal nach einer etwas längerfristigeren Investition, statt lediglich nur schnell ein paar Lektionen zu lernen. Das Kind wird aber bald die Früchte dieser Mühe ernten können.

In Bezug auf das »Kleingedruckte« folgendes Beispiel: Als einer ehemaligen Schülerin von mir das Fahrrad gestohlen wurde, lief Saturn durch ihr 3. Haus. Sie war versichert, erstattete Anzeige bei der Polizei und informierte die Versicherungsgesellschaft. Um zu beweisen, dass ihr Fahrrad zur Zeit des Diebstahls abgeschlossen war, musste sie beide Fahrradschlüssel an die Versicherung schicken. Da sie allerdings im Jahr davor einen Schlüssel verloren hatte und nur noch einen Originalschlüssel besaß, schickte sie diesen mit einer entsprechenden Erklärung an die Versicherung. Der Anspruch auf Zahlung wurde abgelehnt; im Kleingedruckten stand zu lesen, dass *zwei Originalschlüssel* vorzuweisen seien. Über diese Ungerechtigkeit war sie zwar sehr aufgebracht, aber sie saß am kürzeren Hebel.

Dieses Beispiel gebe ich im Unterricht oft wieder. Wie der Zufall es will, hatte ich Jahre später eine andere Schülerin, die sich beim Saturntransit durch das 2. Haus gerade ein neues Fahrrad gekauft hatte. Da Saturn sich der Spitze ihres 3. Hauses näherte, nahm sie sich die Warnung zu Herzen und ließ gleich zwei Reserveschlüssel anfertigen; die Originalschlüssel bewahrte sie sicher auf und benutzte fortan nur die nachgemachten Schlüssel. Auch ihr wurde das Fahrrad gestohlen, als Saturn durch ihr 3. Haus lief. Sie erstattete Anzeige und schickte auf Anfrage der Versicherungsgesellschaft beide Originalschlüssel ab. Zu ihrer Bestürzung wurde die Schadensregulierung verweigert. Grund der Versicherungsgesellschaft: *Die Schlüssel zeigten keinerlei Spuren von Gebrauch.* Da sie einen anderen Schlüssel benutzt hatte, konnte sie nicht beweisen, dass das Fahrrad zum Zeitpunkt des Diebstahls tatsächlich abgeschlossen war! Mit anderen Worten: Man glaubt, die Dinge gut geregelt zu haben, und doch kommt etwas dazwischen und es erwischt einen trotzdem.

Aufgrund dieser Erfahrungen warne ich inzwischen bereits jemanden, bei dem Saturn durchs 2. Haus läuft, alle Verträge gründlich durchzulesen, alle schriftlichen Absprachen noch einmal Revue passieren zu lassen und sich mit dem Kleingedruckten auseinander zu setzen, bevor Saturn ins 3. Haus läuft.

Saturn schlägt auch immer dort zu, wo wir nachlässig gewesen sind. Das 3. Haus hat viel mit Papieren und Verwaltung zu tun. Ist alles gut geordnet? Liegt alles am richtigen Ort? Haben wir unsere wichtigsten Unterlagen in Ordnung gehalten? Wenn wir bis jetzt für ein Sammelsurium und Durcheinander gesorgt haben und alles, was wir brauchten, noch eben in letzter Minute finden konnten, müssen wir damit rechnen, dass wir die Dinge beim Saturntransit durch das 3. Haus nicht mehr rechtzeitig finden oder wir stellen sogar fest, dass sie verloren gegangen sind. Hier geht es um die Konfrontation mit allem, was nicht gut geordnet oder aufbewahrt, aufgeschrieben oder abgesprochen wurde. Saturn zwingt uns hier zur Ordnung und einer besseren Organisation, ob es nun um die Verwaltung unserer Firma geht, um ausgeschnittene Kochrezepte, Rabattmarken, um Unterrichtsaufzeichnungen oder das Erlernen einer Fremdsprache. Alle Schlampereien bezüglich Unterlagen und Kontakten drohen bestraft zu werden, wenn Saturn durch das 3. Haus läuft.

Auch der Bereich Beförderung und Transport fordert mehr Aufmerksamkeit. Probleme mit dem Auto oder mit einer Fahrtroute tauchen häufiger auf. Es scheint, als wäre unser Parkplatz wesentlich öfter besetzt als sonst oder es wird ausgerechnet jetzt an der Straße gearbeitet, die man für gewöhnlich fährt. Können Sie Ampeln nicht ausstehen? In dieser Periode scheinen sie wirklich ständig auf Rot zu stehen. Und ausgerechnet bei einer äußerst wichtigen Versammlung fällt ein Zug aus und man kommt zu spät. Selbst in einer Zeit, als Verkehrsstaus noch nicht an der Tagesordnung waren, kamen diese Probleme bei Saturn im 3. Haus sehr häufig vor, geschweige denn in unserer heutigen Gesellschaft, in der Verkehrsprobleme normal sind. (Schauen Sie doch eben einmal nach, ob Ihr Führerschein nicht abgelaufen ist.)

Zum Bereich Kontakt und Kommunikation gehört natürlich auch das Telefon. Saturn kann auch hier Unannehmlichkeiten für uns in petto halten, angefangen bei einem kaputten Telefon, dem versehentlichen Durchschneiden des Telefonkabels bis hin zu dem Fehler einer Zeitungsredaktion, die bei einer Werbeaktion die falsche Telefonnummer abgedruckt hat – zufällig die Ihre! In diesem Fall kann man am besten nur noch »unerreichbar« sein und den Stecker aus der Dose ziehen!

Die kurzen und sich selbstverständlich ergebenden Kontakte beziehen sich auch auf die Nachbarn, die plötzlich einen hohen Zaun oder ein anderes Objekt aufbauen, das ihren Garten mit einer Menge Schatten versorgt. Oder sie belästigen Sie auf andere Art und Weise. Vielleicht wollen Ihre Nachbarn ihr Haus streichen, wofür es allerdings notwendig ist, die Leitern in Ihrem Garten aufzustellen, um nur einige Beispiele zu nennen. Was machen Sie in so einem Fall? Sie müssen noch Jahre mit Ihren Nachbarn auskommen, und die Wahrscheinlichkeit, dass es als Folge jetziger Auseinandersetzungen zu noch mehr Streitigkeiten kommt, ist groß. Lassen Sie es dabei bewenden oder ergreifen Sie doch irgendwelche Maßnahmen? Wieder diese schwierigen Entscheidungen!

Bei all diesen Beispielen treten zwei Themen immer wieder in den Vordergrund: Die Verletzbarkeit, die wir im Allgemeinen empfinden, wenn es um unsere alltäglichen Kontakte mit anderen geht und die Verletzbarkeit in Bezug auf unsere Mobilität und Beweglichkeit. Um diese Themen geht es bei Saturn im Transit durch das 3. Haus. Probleme mit dem Auto oder dem Telefon sind an sich schon lästig, trotzdem verweisen sie auf eine tiefere Ebene: *Wie flexibel sind Sie mit der Organisation Ihres Lebens im Allgemeinen?* – eine Frage, die für alle beweglichen Häuser gilt, hier geht es aber speziell um die Frage: *Wie flexibel sind Sie und wie gut können Sie Ihre Kontakte und Ihre Kommunikation handhaben?* Wenn Saturn durch das 3. Haus läuft, wird unsere natürliche Beweglichkeit oft gebremst; nicht um uns festzuhalten, sondern um zu testen, inwieweit wir von Abwechslung und Veränderung abhängig sind. Menschen, die sich nur schwer binden können, haben oft das Bedürfnis nach schnell wechselnden Umständen, wodurch Tiefgang vermieden wird. Ausgerechnet dann sitzt man im Auto mit anderen endlos lange im Stau, und das einzige Mittel, die Zeit totzuschlagen, ist ein Gespräch. Andererseits erfordert eine Situation, in der man »festsitzt«, von uns, sich auf die veränderten Umstände einzustellen. Ist man in der Lage, schnell und ad hoc Entscheidungen zu treffen und gut mit Veränderungen zurechtzukommen? Gerät man in Panik und verschwendet zu viel Zeit damit, neue Informationen darüber zu bekommen, wie man mit einer neuen Situation umgehen sollte?

Oder hat man den Mut, sich auf Grundsätzliches und Strukturelles zu beschränken, um die Details dann später zu ergänzen?

Das 3. Haus hat auch damit zu tun, wie offen wir für unsere Umgebung sind. Hören wir wirklich, was gesagt wurde? Haben wir tatsächlich ein Auge für alle Signale? Menschen, die, egal in welchem Alter, irgendeine traumatische Erfahrung machten, neigen anscheinend dazu, sich auf bestimmte Weise von der Umgebung abzuschotten. Der französische Hals-Nasen-Ohren-Arzt Dr. A. Tomatis hat hierfür eine spezielle Hörtherapie entwickelt, die auch von anderen, beispielsweise von Steinbach, weiterentwickelt wurde. Bei Kindern, bei denen Saturn durch das 3. Haus lief, erlebte ich spektakuläre Verbesserungen in der Art ihres Funktionierens, wenn sie auf der Grundlage dieser Methode therapiert wurden! (Übrigens auch bei Transiten von Saturn oder Pluto im Aspekt zum Herrscher von 3 oder Merkur.)

Saturn als »Väterchen Zeit« fordert also bei allem, was das 3. Haus betrifft, Geduld von uns. In der Bibliothek ein Buch ausleihen? Ist bereits ausgeliehen. Ein Buch bestellen? Ist gerade ausverkauft. Auf der Suche nach einem Parkplatz? Und prompt fährt jemand anderer in die einzige freie Parklücke. Der Computer muss repariert werden? Ausgerechnet dieses Ersatzteil ist nicht auf Lager oder der Verwalter des Ersatzteillagers ist krank. Das sind nur einige Beispiele von vielen. Saturn ist aber auch der Planet der Systematik und Methodik. Wenn Probleme auftauchen, ist es am besten, sich einfach hinzusetzen und zu versuchen, die Sache still und ruhig in Ordnung zu bringen. Dinge in ein Schema zu bringen, strukturierte Pläne zu entwerfen und auszuarbeiten, sind Methoden, Saturn fruchtbar einzusetzen. Wenn Sie das tun, können Sie zwar gewiss sein, dass Sie das eine oder andere noch verändern müssen, und doch kann Saturn letztendlich sehr vieles für uns bewirken, wenn wir jetzt beispielsweise unseren Terminkalender, unsere Zeiteinteilung und alles, was mit Papieren und Kontakten zu tun hat, in Ordnung bringen. Und das ist in unserer Gesellschaft eine ganze Menge!

Der rote Faden durch die Luft-Häuser

Saturn durch das 11. Haus testete unser Maß an Selbständigkeit gegenüber Menschen, mit denen wir uns gerne identifizieren. Im 11. Haus geht es ja bekanntlich um die Menschen, mit denen wir auf einer Wellenlänge sind oder sein möchten und mit denen wir gleichwertig umgehen. Selbständigkeit im Denken und Handeln im 11. Haus gibt uns jetzt mehr Raum, auch unser eigenes Rückgrat bei Konflikten und Konfrontationen in Kontakten und im Bereich von Information im Allgemeinen zu wahren. Wenn wir aber beim Saturntransit durch das 11. Haus vor allem Distanz und Einsamkeit erfahren haben, ist die Gefahr groß, bei seinem Lauf durch das 3. Haus wieder ein Gefühl von Einsamkeit und Distanz zu empfinden, weshalb wir uns zunächst nicht trauen werden, selbständig zu denken – bis wir das Ganze durchschauen und das Blatt zu wenden wissen.

Der rote Faden durch die beweglichen Häuser

Das 3. Haus ist ein bewegliches Haus, und wir konnten bereits sehen, dass Saturn uns hier eine besondere Aufgabe stellt. Das vorhergehende bewegliche Haus ist das 12. Haus. Als Saturn dieses Haus transistierte, wurde das Unbewusste in hohem Maße aktiviert, mit allen dazugehörigen Bildern und Träumen. Dieser Prozess brachte eine gewisse innere Unruhe mit sich. Wie sind wir damals, als all das in Bewegung geriet, damit umgegangen? Konnten wir loslassen? Oder ließen wir uns mitziehen und wurden emotional sehr unsicher? Oder versuchten wir, uns vor diesen Erfahrungen zu verschließen? Wenn wir Saturn durch das 12. Haus nicht gut aufgegriffen haben und uns eher verloren fühlten oder emotionelle Schwierigkeiten hatten, konnten wir nicht lernen, durch Bewegung und Veränderung gute Bedingungen für unser weiteres Wachstum zu schaffen. Folglich ist dann das Bedürfnis nach Halt und Sicherheit übertrieben groß. In diesem Fall wird Saturn auch bei seinem Lauf durch das 3. Haus mit Probleme mit unvorhergesehenen Veränderungen und Rückschlägen aufwarten, und die Fähigkeit, kreativ damit umzugehen, wird anfänglich nicht besonders groß sein. Wenn wir aber bei seinem Transit durch das 12. Haus gelernt haben, uns nicht von unseren Vorhaben abbringen zu lassen und uns mit dem Strom zu bewegen, können wir bei seinem Lauf durch das 3. Haus außerordentlich flexibel auf Veränderungen und Bewegung reagieren.

Das Oppositions-Haus

Das Maß, in dem man sich traut, bei sich selbst und bei den Tatsachen zu bleiben, die einem wichtig sind, hat großen Einfluss auf den Prozess der Meinungs- und Urteilsbildung und den Aufbau einer zusammenhängenden Sichtweise im 9. Haus. Die Frage, ob man den Mut aufbringt, trotz Konfrontationen auf seine eigene Art des Umgangs mit bestimmten Tatsachen zu bauen, wird sich auf unsere Sichtweise bezüglich der Gesellschaft, auf Fragen religiöser, metaphysischer und spiritueller Art und auf unser ethisches und moralisches Bewusstsein auswirken. Je mehr man sich auf andere verlässt, desto mehr werden auch ethische und moralische Normen von außen auf uns zukommen. Folglich ist es auch schwierig, die eigene Position gegenüber Dingen zu bestimmen, bei denen es um bestimmte Anschauungen und Meinungen geht.

Der Einfluss auf das folgende Haus

Im 4. Haus handelt man innerhalb eines Familienverbands. Hierbei geht es um die Ursprungsfamilie und die Familie, die man selbst gründet. Einbezogen wird auch die häusliche Umgebung, die man sich schafft, unabhängig davon, ob man alleine oder mit anderen lebt. Wenn man im 3. Haus seine Gedanken und Ideen eingebracht hat, wird man im 4. Haus im Dialog mit den Eltern oder mit dem Partner und den Kinder Schwierigkeiten bezüglich des zu leistenden Beitrages haben, weil man zunächst abtastet, was da von einem gefordert wird. Oder man verfällt in ein anderes Extrem und hält an bestimmten Ideen und Auffassungen fest, weil diese einem ein Gefühl von Sicherheit geben, selbst wenn es letztlich eine Scheinsicherheit ist. Diese Haltung wird Gefühle von Nähe, Intimität und Geselligkeit in unserer näheren Umgebung blockieren.

Eine ruhige Besonnenheit im 3. Haus kann uns im 4. Haus eine offene Haltung für andere Werte und den anderen an sich verleihen.

Saturn durch das 4. Haus

Als Wasser-Haus hat das 4. Haus mit unserer Gefühlslage zu tun und daneben steht es klassischerweise auch für unser Elternhaus in der Vergangenheit und für unser häusliches Leben in der Gegenwart (ob nun mit eigener Familie oder nicht). Auf diesem Gebiet wird Saturn jetzt aktiv und stellt uns vor bestimmte Aufgaben. Er wird Konfrontationen mit sich bringen und Dinge klären wollen. Probleme, denen ich begegnet bin, sind unter anderem: reale Probleme mit oder durch die Eltern oder mit einem Elternteil bzw. Probleme aus der Jugend, die wieder auftauchen. Manchmal gibt es auch (wiederum reale) Probleme mit dem Haus, in dem man wohnt. Dabei geht es um Mängel, die behoben werden müssen, oder das Haus ist im Hinblick auf die Lebensumstände zu klein und muss umgebaut werden. Möglicherweise steht auch ein Umzug an. Oftmals geht es sogar um das Bedürfnis nach mehr Raum, allerdings zu einem Zeitpunkt, wo das wirklich nicht möglich ist; zudem regt man sich über Unordnung im Haus mehr auf als zu anderen Zeiten. Nicht selten neigt man dazu, die Wohnungseinrichtung umzugestalten und beispielsweise Tapeten, Teppiche und Möbel zu verändern. All das geschieht aus einer Unzufriedenheit in Bezug auf die »Form« des Hauses, was parallel läuft mit einer Unzufriedenheit bezüglich unserer emotionalen Geborgenheit.

Natürlich ist es prima, das eigene Haus anders zu gestalten, wenn man das Bedürfnis danach verspürt. Saturn fragt uns dann allerdings, ob diese Veränderungen keine Flucht vor dem wirklichen Problem sind, also eine Flucht vor unseren Gefühlen. Haben wir den Mut, dem nachzugehen, womit die Unzufriedenheit tatsächlich zu tun hat? Geht es um diese Tapeten? Oder was ist wirklich los? Wenn sie sich zu Hause nicht mehr wohl fühlen, neigen viele Menschen dazu zu denken, dass das mit ihrer Wohnungseinrichtung zu tun hat. Tatsächlich drängen sich aber innerlich alte Gefühle auf und Saturn stellt uns gleichzeitig die Frage, ob wir es mit uns selbst gut haben und ob wir uns wirklich in uns selbst geborgen fühlen. Sorgen wir gut für uns oder gehen wir dem aus dem Weg, indem wir uns mit der Sorge für andere identifizieren? Das zeigt sich oft in kleinen Dingen, wie beispielsweise darin, für andere allerlei Leckereien oder ein gutes Essen zuzubereiten. Wenn es aber nur um uns selbst geht, tun wir zu wenig oder nichts. Und dann greifen wir plötzlich zu Süßigkeiten, um nur ein Beispiel zu nennen. Wenn eine solche psychische Dynamik eine Rolle spielt, wird der Drang, die Wohnung zu verändern, ein Ablenkungsmanöver sein, damit wir uns nicht mit der tatsächlichen emotionellen Situation beschäftigen müssen. Man versucht, durch äußere Dinge emotionale Geborgenheit zu bekommen (beispielsweise durch eine neue Wohnungseinrichtung). Und wenn dem so ist, hat Saturn noch einige zusätzliche Überraschungen in petto. Wie oft erlebt man dann, dass Bestellungen nicht richtig ausgeführt werden – die falsche Farbe bei den Gardinen, das falsche Sofa, ein mitgelieferter Fleck im Teppichboden, verspätete Liefertermine, die Küche wird in Einzelteilen geliefert und braucht insgesamt mehr als ein Jahr, bis sie komplett steht – und ähnliche Vorkommnisse. Es ist so, als wollte Saturn hier sagen: *Wenn du glaubst, mit einem simplen Trick davonzukommen, werde ich dich mal eben auf dich selbst zurückwerfen.*

Übrigens kommen oft die Nachteile und die versteckten Mängel eines Hauses während dieses Transits von Saturn ans Licht. Überfällige Reparaturen sorgen nun für Schwierigkeiten. Mit Fensterkitt und Flickwerk ist es nicht mehr getan. Und wie ich weiter oben schon angedeutet habe, kann man sein Haus jetzt als zu klein empfinden. Manchmal ist es tatsächlich zu klein und löst dadurch seelische Probleme aus. Die Wände rücken uns auf den Leib und erdrücken uns. Ich habe auch Menschen erlebt, die in einem riesigen Haus wohnten, das sie als zu leer und einsam empfanden – das Treppenhaus erschien ihnen beispielsweise als zu kahl. Diese Menschen hatten also auf ihre Art auch Schwierigkeiten mit Saturn. Eine Klientin von mir, die in einem Haus mit 22 Zimmern lebte, von denen jedes mit Einbauschränken bestückt war, musste beim Transit von Saturn durch das 4. Haus in ein »normales« Reihenhaus umziehen. Sie hatte sich nie um Stauraum sorgen und daher auch nie aussortieren müssen. Es gab ja genügend Schränke im Haus. Nun musste sie innerhalb kurzer Zeit alle Schränke durchsehen und stand plötzlich Auge in Auge mit Erinnerungen aus vielen Jahrzehnten. Viele Emotionen wurden wach und ein Verarbeitungsprozess kam in Gang, der letztlich bis zu ihren Jugenderfahrungen zurückreichte. Und das zusätzlich zu dem Problem, auswählen zu müssen, was sie nun wirklich aufheben wollte und was nicht!

Gerade wenn man sich mit Saturn durch das 4. Haus nach häuslicher Ruhe sehnt, wird es tatsächlich oft eine Zeit lang recht unruhig zugehen. Oft geschieht das allein schon aufgrund anstehender Reparaturen von Mängeln, die jetzt sichtbar werden. Das kann variieren von einer verstopften Kanalisation bis hin zu einem undichten Dach oder einem feuchten Keller. Wenn der Plattenweg zum Haus alt und holprig ist, besteht jetzt eine größere Gefahr, über eine Unebenheit zu stolpern und sich den Fuß zu verstauchen. Vielleicht ist es günstig, bereits bei Saturns Lauf durch das 2. oder 3. Haus nachzusehen, wo Probleme auftauchen könnten und diese schon jetzt anzugehen. Wenn Saturn nämlich durch das 4. Haus läuft, hat man aufgrund einer verstärkten Empfindlichkeit größere Probleme mit der Unruhe, die er mit sich bringt, auf jeden Fall mehr, als bei seinem Transit durch die vorangehenden oder folgenden Häuser.

Probleme mit dem Elternhaus und Konfrontationen mit der

Vergangenheit sind beim Transit von Saturn durch das 4. Haus keine Seltenheit. Die Frage ist jetzt, inwieweit es wirklich hilft, die Eltern zu beschuldigen oder mit ihnen zu streiten. Wichtige Fragen, die nun von Interesse sind, lauten: *Welches Bild habe ich von meinen Eltern? Stimmt meine Erwartungshaltung in Bezug auf sie noch? Bin ich unbewusst immer noch an ein Elternhaus (im weitesten Sinn) gebunden?* Wegzugehen ist nur dann sinnvoll, wenn man auch unbewusst keine zwingenden Bindungen mehr verspürt, sondern die Dinge so sieht, wie sie sind. Kehrt man nämlich dem Ursprung der emotionellen Unsicherheit den Rücken, heißt das noch lange nicht, dass man sich davon gelöst hat! Viele haben erst beim Transit von Saturn durch das 8. Haus erkannt, dass sie unbewusst eigentlich immer noch damit beschäftigt waren, ihren Eltern oder einem Elternteil zu beweisen, dass sie doch etwas können und ein Recht darauf haben, auf dieser Welt zu sein. So lange muss man allerdings nicht warten. Wenn man begreift, womit die emotionale Unruhe zusammenhängt, kann man selbst Schritte unternehmen, seine Vergangenheit unter die Lupe zu nehmen.

Sehen Sie sich einmal ganz ehrlich Ihre Erwartungshaltungen an. Gehen Sie unbewusst nicht doch davon aus, dass für Sie gesorgt werden muss? Man kann zwar das elterliche Haus verlassen und anfangen, selbständig zu leben, aber unbewusst noch nicht wirklich erwachsen sein, insofern man die Verantwortung für sein eigenes Leben nicht wirklich übernimmt. Dann erwartet man implizit von den Eltern, dass sie einspringen, wenn man sie braucht. Sobald die Eltern nicht mehr leben, kann sich diese Haltung auch abstrakt in der Erwartung fortsetzen, dass die Gesellschaft die »Verpflichtung hat, uns mit allem auszustatten« oder noch abstrakter, dass »das Leben schon für uns sorgt«. Eine ernsthafte Lektion von Saturn durch das 4. Haus besteht darin, die Verantwortung auf sich zu nehmen und für sich selbst zu sorgen, unabhängig von anderen. Und wenn unsere Eltern noch leben: Sie als *Menschen* sehen zu lernen, die in ihrem eigenen Leben mit eigenen Problemen zu kämpfen hatten, zu einer Zeit, die anders war als die heutige und in der andere Normen und Werte vorherrschten. Verständnis für die *gesamte* Situation der Eltern ist nicht dasselbe, wie das schönreden zu wollen, was eventuell schief gelaufen ist. Damit setzt man einiges doch ins rechte Verhältnis, was dabei helfen kann, sich emotional zu lösen.

Im positiven Sinne habe ich bei Menschen mit Saturn durch das 4. Haus erlebt, dass sie ein festes Band mit ihren Eltern knüpften, ohne dass sie von ihnen abhängig wurden oder blieben. Im negativen Sinn habe ich aber leider Familien erlebt, die durch heftige Schattenprojektionen gespalten wurden. Dann erlebt man, dass derjenige, bei dem Saturn durch das 4. Haus läuft, Verstecken spielt und sich darüber beklagt, dass er oder sie so verrückte Eltern hat oder hatte. Wenn das geschieht, wird sehr viel Energie in die Vergangenheit gesteckt, Energie, die für den Aufbau einer eigenen häuslichen Umgebung verlorengeht. Irgendwie wird man darunter leiden, so dass man sich in seinem eigenen Zuhause oder mit seiner Familie nicht so recht wohl fühlt. Möglicherweise ist man dann viel mehr unterwegs und sucht sein Vergnügen anderswo, was einem aber wenig Befriedigung schenken wird.

Und das alles, während man bei Saturn durch das 4. Haus auch die entgegengesetzte Neigung entwickeln kann: nämlich sesshaft zu werden, um sehr stark an sein Zuhause gebunden zu sein. Das kann völlig freiwillig geschehen, weil angestrebt wird, sich auf seine eigene emotionelle Basis zurückzuziehen, aber auch unfreiwillig durch (schwer wiegende) Verpflichtungen, die uns ans Haus binden; beispielsweise durch die Pflege eines Kranken, oder weil man zu Hause arbeiten muss, um über die Runden zu kommen. Mit Saturn durch die Wasser-Häuser hat man doch ein größeres Bedürfnis danach, sich in sich selbst zurückzuziehen. Das Schwierige dabei ist, dass Saturn uns dieses Alleinsein zwar schenken kann, aber in den Momenten, in denen man das stärkste Bedürfnis danach verspürt, kann er für so viel Unruhe sorgen, dass man überhaupt nicht mehr zur Ruhe kommt.

Saturn zwingt uns manchmal auf sehr subtile Weise, uns um uns selbst zu kümmern. Ich habe mehrere Male erlebt, dass Menschen es als ihre Pflicht ansahen, für ihre kranken oder alten Eltern zu sorgen, manchmal sogar in dem Maße, dass sie sie in ihrem eigenen Haus aufnahmen. Natürlich spielte auch oft die Liebe zu den Eltern eine Rolle, aber in vielen Fällen ist die Rede von diffusen Schuldgefühlen, die die Betroffenen zu einem solchen Schritt veranlassten. Damit wollten sie verhindern, dass die Umgebung etwas an ihrem Verhalten und ihrer Einstellung auszusetzen haben könnte. Also beweisen sie sich in vorbildlicher Sorge für Eltern, die pflegebedürftig sind. Hierbei geht es nicht darum, ob man für seine Eltern nun sorgen muss oder nicht. Es steht außer Frage, dass jede Hilfe, die aus Liebe und Verbundenheit entsteht, sehr wertvoll ist. Aber Saturn durch das 4. Haus fragt nicht so sehr danach, ob man Sorge auf sich genommen hat, er fragt vielmehr nach den Motiven, warum man sie auf sich genommen hat. Es geht hier nicht um die Motive, die man anderen erzählt, sondern um die unbewussten Motive. Angst, Abhängigkeit, Schuldgefühle, sich nicht von alten Mustern lösen können, auch Angst vor der Bindung zum eigenen Partner, die dazu führt, dass man in einer Eltern-Kind-Situation verbleiben will, und Ähnliches kann die unbewusste Triebfeder dafür sein, dass man mehr für die Eltern tut als nach gesellschaftlichen Maßstäben üblich. Wenn Saturn durch das 4. Haus läuft, wird er nach und nach diese unbewussten Motive anprangern. Menschen, die wirklich von innen heraus und aus Liebe diese Sorge auf sich genommen haben, werden vermutlich kaum Schwierigkeiten bekommen. Sie werden zwar die übliche Saturn-Periode durchmachen, wie etwa Rückschläge erleiden oder besonderen Einsatz erbringen müssen, aber es wird sie nicht übermäßig angreifen. Bestehen aber unbewusste problematische Motive, dann wird Saturn diese Periode erschweren, nicht nur im Äußeren, indem man vielem die Stirn bieten muss, sondern vor allem innerlich: Man schafft nichts mehr so recht, kann nicht genügend Energie aufbringen, ist nicht mehr so motiviert und muss sich selbst ständig gut zureden, dass das, was man tut, in Ordnung ist etc. Durch die innere Motivation und die Energie, die man noch zur Verfügung hat, kann man sehr viel über die unbewussten Einstellungen erfahren. In unserem Beispiel geht es um die Eltern. Aber im Grunde genommen kann auch die Sorge für andere Menschen zu diesem Muster gehören. Andere Familienmitglieder und selbst die Nachbarn können zum Gegenstand von Sorge und Verpflichtungen werden – auf dem gleichen unbewussten und komplexbeladenen Hintergrund. Dann wird uns Saturn auch hier diese Probleme bewusst machen. Manchmal beschert uns Saturn im 4. Haus auch heftige Probleme mit Kindern. Obwohl Astrologen dergleichen auch seinem Transit durch das 5. Haus zuschreiben, geht es im 4. Haus nicht so sehr um die Kinder an sich, sondern um die Frage, wie man selbst mit den Themen Pflege und Fürsorge umgeht. Können Sie Ihre Kinder loslassen und innerlich selbständig aufwachsen lassen, oder regeln Sie immer noch alles für Ihre bereits erwachsenen Kinder? Sind Sie nicht zu einengend? Können Sie sie wirklich loslassen? Können Sie auch den jüngeren Kindern auf dem Weg in die eigene Zukunft als selbstständige (junge) Menschen helfen oder müssen sie Ihre emotionalen Probleme dämpfen oder verschleiern? Darum geht es im Wesentlichen, was uns erneut auf die Kernfrage zurückwirft: Sind wir emotional selbständig und innerlich stabil? Dann werden all die genannten Auswüchse und Probleme nicht auftauchen.

Es geht aber nicht immer um Probleme mit der Vergangenheit oder mit den Eltern. Auch innerhalb der eigenen Familie können Konfrontationen und stärkere Verpflichtungen entstehen, sei es durch äußeren Druck oder durch Unfrieden und Fluchtverhalten von innen heraus. Und wieder lautet die Frage: *Was auch immer an emotionalen und gefühlsmäßigen Dingen um uns herum passiert, und wie sehr uns das auch in unserem tiefsten Wesen, in unserer eigenen Familie berührt, sind wir innerlich dazu stark genug? Kommen wir emotional damit zurecht, mit anderen Worten, stehen wir gefühlsmäßig fest auf eigenen Füßen? Sind wir emotional erwachsen?*

Wenn die Eltern, auf die man sich unbewusst immer gestützt hat, in dieser Periode sterben, ist man mit einem Schlag all seine Geborgenheit und sein gesamtes emotionales Bezugssystem los. Aber wie traurig ein Tod auch ist, wenn wir in uns selbst ein Gefühl von Geborgenheit entwickelt haben, wird uns dieser Verlust weniger aus dem Gleichgewicht bringen und unsere Welt wird auch nicht gleich einstürzen. Man kann weitermachen, mehr noch: Man ist aufgrund der eigenen inneren Kraft in der Lage, anderen dabei zu helfen, ihren Gefühlen Form zu geben und sie zu entwickeln. Probleme in der Familie können uns dabei helfen zu erkennen, wie wichtig die Familie selbst und deren einfache Familienwerte für uns sind, wodurch man ganz bewusst andere Entscheidungen treffen kann. Darum kann Saturn durch das 4. Haus uns helfen, *nach Hause zu kommen* und wieder Tiefe zu spüren, so dass wir selbst in sehr turbulenten Zeiten innere Freude erfahren können.

Der rote Faden bei den Wasser-Häusern

Wenn man beim Transit von Saturn durch das 12. Haus in der Lage war, an seinem Gefühlsausdruck zu arbeiten und sich damit befasst hat, innerlich klar Schiff zu machen, hat man unmerklich eine Basis geschaffen, von der aus man besser mit dem Transit von Saturn durch das 4. Haus zurechtkommt. Wenn man mit Saturn im 12. Haus eine Art innerer Ruhe hat finden können, wird man im Stande sein, viel entspannter eventuelle Probleme von Saturn durch das 4. Haus zu erkennen. Obendrein werden diese Probleme und die Unruhe nicht so stark empfunden wie wenn keine Basis vorhanden wäre. Man neigt dann auch in den Jahren, die dem Transit von Saturn durch das 4. Haus vorangingen, weniger zu Entscheidungen im Bereich der Pflege, Geborgenheit und Häuslichkeit, die jetzt von Saturn durch das 4. Haus angeprangert werden.

Falls man bei Saturn durch das 4. Haus vor Aufgaben und Problemen wegläuft, wird es besonders unbequem, wenn Saturn durch das 8. Haus läuft. Das 8. Haus hat an sich schon mit der Verarbeitung von Problemen zu tun und es wird auf jeden Fall in den Vordergrund treten, wenn man während des Saturntransits durch das 4. Haus keine Gefühlsgrundlage und Gefühlssicherheit finden konnte.

Der rote Faden bei den kardinalen Häusern

Bei Saturn durch das 1. Haus ging es um die Art, wie man sich in der Außenwelt zeigt und wie man im Allgemeinen wirkt. Die Frage war dort vor allem, in welchem Maß wir in Bezug auf die Außenwelt wir selbst bleiben können (ein Feuer-Haus). Die Außenwelt als solche hat mit dem kardinalen Kreuz zu tun. Bei Saturn durch das 4. Haus geht es vor allem um die Beziehungen zur Herkunftsfamilie und zur eigenen Familie. Wenn man bei Saturn durch das 1. Haus von den Meinungen der Außenwelt abhängig geblieben ist, hat man jetzt viel weniger Halt, um seine eigenen Gefühle aufgreifen zu können, denn die Abhängigkeit von anderen wird wieder in den Vordergrund treten. Dadurch erhält man übrigens auch wieder die Möglichkeit, diese Facette – wenn auch unter anderen Umständen – aufzugreifen und doch noch zu sich selbst zu finden.

Wenn man beim Transit von Saturn durch das 1. Haus reifer und innerlich erwachsener geworden ist, wird man mit Saturn durch das 4. Haus auch schneller seine emotionale Selbständigkeit finden und ruhiger reagieren. Dann bereitet man auch eine größere emotionale Selbständigkeit vor, die einem hilft, dem Transit von Saturn durch das folgende kardinale Haus, das 7. Haus, besser Form zu geben.

Saturn durch das 4. Haus kann auf schwierige Weise äußerst aufreibend sein und im 10. Haus eine Überkompensation mit sich bringen, vor allem, wenn man auf der Flucht vor seinen Gefühlen ist. Der Hang, sich in der Gesellschaft zu profilieren und sich in allerlei Arbeit oder gesellschaftliche Prozesse zu stürzen, ist dann stärker, wobei ein wichtiges Kennzeichen ist, dass alles, was man dort unternimmt und erlebt, nicht wirklich durchlebt werden kann, weil man nicht den Mut hat, sich seinen Gefühlen zu nähern. Möglicherweise nimmt man auch allerhand Verpflichtungen und Aktivitäten auf sich, die zu Lasten des häuslichen Lebens gehen und sich dadurch auf Dauer unterminierend auswirken können.

Bei einer ausgewogenen Entwicklung von Saturn durch das 4. Haus gerät eine andere Reaktion in den Vordergrund. Durch eine neue Art der Wertschätzung für Gefühle und das häusliche Leben kann die gesellschaftliche Position relativiert und ins rechte Verhältnis gerückt werden, oder man legt in der Außenwelt in seinem Handeln eine menschlichere Haltung an den Tag und lernt, gefühlsbetonter vorzugehen. Oder aber man lässt von der Zwanghaftigkeit ab, die man der Außenwelt im 10. Haus präsentiert hat.

Der Einfluss auf das folgende Haus

Kann man genießen und sich entspannen, wenn man sich emotional versteckt? Kommt man zu sich selbst und zu seinen Hobbys, wenn man seiner häuslichen Grundlage immer wieder entflieht? Je mehr man den Problemen Saturns durch das 4. Haus ausweicht, desto weniger Freude wird man haben, wenn Saturn durch das 5. Haus läuft. In diesem Haus fordert er Aufmerksamkeit für unkomplizierte Verspieltheit und Echtheit. Es geht darum, man selbst zu sein und sich so zu akzeptieren, wie man ist. Ist aber das Thema Fürsorge und Geborgenheit bis jetzt überkompensiert worden und sind beispielsweise die Kinder damit belastet worden, indem man sie unbewusst mit eigenen Emotionen und emotionalen Bedürfnissen gelenkt hat, kann Saturn im 5. Haus für die entsprechenden Konfrontationen sorgen. Aber das ernsthafte Aufgreifen dieser Probleme bei Saturn durch das 4. Haus kann bei seinem Transit durch das 5. Haus auch eine Belohnung mit sich bringen; denn ganz allmählich kann eine stabile Beziehung zu denjenigen Menschen wachsen, mit denen man anfänglich Probleme hatte, wozu auch die Kinder gehören.

Falls man durch das, was Saturn durch das 4. Haus uns zu sagen hat, gelernt hat, sich wohler in seiner Haut zu fühlen, wird einem Saturn bei seinem Lauf durch das 5. Haus sehr viel leichter die Möglichkeit eröffnen, Selbstvertrauen zu entwickeln.

Saturn durch das 5. Haus

Macht Ihnen das, was Sie tun, auch wirklich Freude? Diese Frage steht im Mittelpunkt, sobald Saturn durch unser 5. Haus läuft. Selbstausdruck und Freude zu erfahren, sind angenehme Seiten des 5. Hauses. Als Kind war für uns die spielerische und freudige Beschäftigung mit Dingen eine herrliche Möglichkeit, um wie von selbst eine Reihe von Fähigkeiten zu erlernen, wodurch wir sogar ganz selbstverständlich mehr Selbstvertrauen bekamen. Jedenfalls sollte es im Idealfall so sein. Sind die Eltern aber übermäßig kritisch oder übertrieben besorgt, kann dem schon früh ein Dämpfer versetzt werden. Auch Eltern oder andere Menschen aus der Umgebung, die die Einstellung vertreten haben: »Erst die Arbeit und dann das Vergnügen«, werden nicht gerade zu einer glücklichen Entwicklung des 5. Hauses beigetragen haben.

Mit all unseren Beschäftigungen und den täglichen Mühen haben wir für gewöhnlich über lange Zeit hinweg scheinbar keinen Ärger. Das ändert sich allerdings, wenn Saturn durch das 5. Haus läuft. Dann beginnt etwas an uns zu nagen und wir fangen an, uns zu fragen, über wieviel Selbstvertrauen wir eigentlich verfügen, ob wir das, was wir tun, tatsächlich mit Leib und Seele tun und ob wir uns wirklich trauen zu genießen. Diese Fragen hängen mit einem tiefer liegenden Thema zusammen, mit dem Thema unseres »inneren Kindes«. Die eigentliche Frage, die Saturn uns hier stellt, ist, ob wir noch offen und erwartungsvoll dem Leben gegenüber stehen. Können wir den Tag willkommen heißen und mit dem, was wir tun, froh sein? Sind Sie mit sich selbst, so wie Sie sind, zufrieden? Können Sie in den Spiegel schauen und sich selbst voller Wärme sagen, dass Sie sich mögen und dass Sie einfach *sein* dürfen? Können Sie noch unbelastet Freude empfinden? Fühlen Sie sich wohl? Es ist das Kind in uns, das uns diese Eigenschaften verleiht und mit dem Transit Saturns durch das 5. Haus kommen wir nur allzu häufig dahinter, dass wir dieses innere Kind schon vor langer Zeit im Stich gelassen haben. Vielleicht durfte es sogar durch das, was wir in unserer Jugend erlebt haben, noch nie Gestalt annehmen. Ob wir nun eine anregende Jugendzeit erlebt haben oder nicht, ob wir Selbstvertrauen entwickeln konnten oder nicht, Saturn prüft bei seinem Lauf durch das 5. Haus, inwieweit wir uns dies wirklich erkämpft haben und ihm einen Platz in uns einräumen konnten.

Mit diesem Transit wird das Bedürfnis nach neuen Hobbys und Aktivitäten geweckt, die uns Freude machen. Häufig kommen wir sogar wieder in Kontakt mit einem Hobby, das wir früher einmal mit viel Freude betrieben haben. Jetzige Liebhabereien erhalten einen anderen gefühlsmäßigen Wert, und es kommt immer wieder vor, dass man in dieser Phase zu anderen Aktivitäten übergeht. Saturn kann hier für die entsprechenden schwierigen Erfahrungen sorgen. Es kann sein, dass man die Lust an dem verliert, was man bis dahin getan hat und nach etwas Neuem Ausschau hält, aber keine Vorstellung davon hat, was man eigentlich will. Und gerade, wenn man denkt, dass dieser oder jener Kursus doch eigentlich ganz schön wäre und man sich dafür anmeldet, wird ausgerechnet dieser Kursus aufgrund mangelnden Interesses abgesetzt. Was machen Sie dann? Irgendwo anders einen ähnlichen Kursus belegen? Oder lassen Sie sich hängen? Saturn fragt uns nichts anderes als: *Zeig mal, ob du das auch wirklich willst und wenn ja, dann streng dich jetzt besonders an!* Im Allgemeinen wird man nach einigen Versuchen plötzlich der Person begegnen, die einem weiterhilft, oder man findet genau die Aktivitäten, mit denen man sich gut fühlt.

Für gewöhnlich muss man entsprechende Anstrengungen in Kauf nehmen, manchmal sogar sehr viele.

Unterschwellig spielt im 5. Haus noch ein weiteres Thema eine Rolle, und zwar die Frage, wie erwachsen man eigentlich ist. Hierbei geht es teilweise um eine Fortsetzung des Themas beim Saturntransit durch das 4. Haus, in dem wir Verantwortung für unser Leben und für unsere Gefühle übernehmen müssen. Jetzt stellt Saturn uns die Frage, ob wir unsere inneren Ziele tatsächlich kennen. Können wir Selbstvertrauen aus uns selbst schöpfen und nicht nur aus unserer Umgebung? Oder brauchen wir immer wieder Komplimente, um uns sicher zu fühlen?

Wenn wir unter einem Mangel an Selbstvertrauen leiden, kann das 5. Haus als Überkompensation nach Aktivitäten suchen, die uns Ruhm und Ansehen einbringen und für Komplimente und Anerkennung sorgen, zum Beispiel eine leitende Position oder eine andere öffentliche Aufgabe (es muss gar keine bezahlte Aufgabe sein), mit der wir uns sozusagen beweisen können. Es ist unverkennbar, dass uns Saturn, wenn er ins 5. Haus läuft, auf den Zahn fühlt, indem er uns mit problematischen Dingen konfrontiert. Wir können zum Beispiel in einen schwierigen Führungskonflikt geraten und es ist möglich, dass man uns das Vertrauen entzieht (selbst wenn das nicht zu Recht geschieht) oder an uns zweifelt. Möglicherweise erscheinen negative Berichte über uns im Vereinsblatt oder in der Zeitung etc. Paradoxerweise habe ich erlebt, dass Menschen, die ihre Führungsqualitäten bis dahin noch nicht eingesetzt hatten, beim Transit von Saturn auf der Spitze des 5. Hauses oder durch das 5. Haus in eine Leitungsposition gewählt wurden – manchmal sogar unerwartet zum Vorsitzenden oder Parteiführer. Gleichzeitig war die Rede von saftigen Problemen oder negativer Aufregung und Saturn stellt uns dann vor die Frage: *Kannst du diese Leitungsfunktion wirklich bewältigen und willst du sie auch tatsächlich – mit aller Unruhe und den möglicherweise auftretenden Angriffen? Inwieweit greift dich das an?* Es dürfte deutlich sein, dass derjenige, der nur auf Komplimente aus ist, jetzt wütend und ärgerlich abspringt und derjenige, der seine Sicherheit nur aus der Außenwelt bezogen hat, jetzt das Gefühl bekommt, der Boden unter den Füßen werde ihm weggezogen. Aber derjenige, der von innen heraus weiß, was er will, wird das Vertrauen aufbringen können, diese Zeit durchzustehen, und er wird außerdem motiviert an einem Neuaufbau arbeiten können.

Wir erkennen hier auch eine Reaktion auf die vorherigen Häuser: Die Motivation wird in dem Maße stärker sein, je positiver man mit Saturn im vorhergehenden festen Haus, dem 2., umgegangen ist. Und man steht stärker und gelassener da, wenn man bei Saturn durch das vorherige Feuer-Haus, das 1. Haus, sein inneres Rückgrat finden konnte und innerlich standzuhalten wusste. Saturn fragt jetzt auch: *Es ist Zeit für eine Neubewertung und auch dafür, sich an anderen Werten zu orientieren. Was sind dir die Dinge eigentlich wert?*

Beim Saturntransit durch das 5. Haus bleibt eine Bestätigung von außen also meistens aus. Man muss jetzt aus seinem inneren Kern heraus an all dem arbeiten. Das ist es, was Saturn uns mit seinen Aktivitäten entdecken lassen will. Wenn man aus seinem eigenen Inneren heraus arbeitet, wird man auch irgendwie Freude an seinen Aktivitäten haben und viel besser mit einem Rückschlag zurechtkommen.

Alle Verhaltensweisen, mit denen wir uns nach außen manifestieren oder bei denen Führung und Autorität eine Rolle spielen, werden jetzt einer kritischen Bewertung unterzogen; Ebenso unsere Fähigkeit, verspielt zu sein und zu genießen, wie ich weiter oben schon beschrieben habe. Man kann mit Saturn durch das 5. Haus zu allem Möglichen Lust haben, und auch alles Mögliche anfangen. (Vieles hängt ja davon ab, was man in anderen Häusern mit Saturn getan hat.) Und doch bleibt die Möglichkeit eines Hindernisses bestehen. Man hat sich beispielsweise gerade einen Tag freigenommen, um einmal zu sich selbst zu kommen, einmal ganz in Ruhe nur etwas für sich selbst zu tun, und ausgerechnet an diesem Vormittag wird das Kind krank und man kann seinen Plänen Adieu sagen. Es kann natürlich auch etwas mit dem Haustier passieren. Oder man zerrt sich einen Muskel, hat plötzlich heftige Kopfschmerzen oder etwas Ähnliches. Und falls man geplant hat, ein bisschen wegzufahren, springt der Wagen nicht an. Das sind zugegebenermaßen keine aufmunternden Beispiele, allerdings hat Saturn eine Vorliebe für diese Art von Vorkommnissen.

Das Thema Kind kann auch auf eine andere Weise eine Rolle spielen. Ich habe Frauen erlebt, die plötzlich spürten, dass sie doch noch gerne ein Kind hätten, auch wenn es schon recht spät dafür war. Die Angst, dass es vielleicht nicht mehr klappt, sowie Angst vor dem größeren Risiko, ein Kind mit Down-Syndrom zu bekommen, spielte ihnen dann während des Transits von Saturn durch das 5. Haus einen Streich. Ich habe mehrmals erlebt, dass es, solange Saturn durch das 5. Haus lief, nicht zu einer Schwangerschaft kam, selbst nach Eingriffen wie beispielsweise einer künstlichen Befruchtung nicht. Einige Male klappte es dann ganz spontan, als Saturn die Spitze des 6. Hauses (Placidus Häusersystem) passierte. Gleichzeitig bin ich aber auch Frauen begegnet, die sich ganz selbstbewusst dazu entschieden, keine Kinder mehr zu bekommen, als Saturn in ihr 5. Haus lief. Sie fühlten und wussten von innen heraus, dass ihre Familie komplett war und fingen eine neue Lebensphase an.

Es besteht auch die Möglichkeit, dass man beim Saturntransit durch das 5. Haus eine Lernerfahrung mit oder im Zusammenhang mit Kindern macht. Lehrer an Grund- und Mittelschulen können etwas mehr Schwierigkeiten mit Ordnungsproblemen haben oder auch Probleme mit dem eigenen Kind oder anderen Kindern bekommen. Das Ausmaß ist nicht vorhersagbar, es muss aber wirklich nicht zum Drama werden. Es kommt schon einmal vor, dass man mit Jugendlichen oder eigenen Kindern aneinander gerät, weil sie in einer schwierigen oder querköpfigen oder ungehorsamen Phase sind, was dann plötzlich ziemlich konfrontierend sein kann. Wenn es nämlich nicht so läuft, wie Sie sich das vorstellen, kommt indirekt auch Ihre Autorität ins Spiel. Wie gehen Sie mit diesen Machtproblemen um? Warum muss alles genauso laufen, wie Sie es wollen? Was ist der wirkliche Grund dafür, dass Sie sich über Ungehorsam ärgern? Können Sie nur dann entspannen, wenn alles gut geregelt und damit die Sicherheit gewährleistet ist? Geraten Sie in Panik, wenn Sie die Dinge nicht unter Kontrolle haben? Das sind einige der Fragen, die Saturn jetzt stellt. Es ist jetzt wahrscheinlicher als sonst, dass man seine Ängste und Unsicherheiten auf die eigenen oder auf die Kinder anderer Leute projiziert.

Ich habe einige Male erlebt, dass Menschen, als Saturn durch ihr 5. Haus lief, zeitweise ein Kind in Pflege nahmen. Damit übernahmen sie die Verantwortung für das Thema Kind im weitesten Sinn. Mit einem Pflegekind ist immer auch ein Risiko verbunden und vieles hängt von den tieferen Gründen ab, die uns zu diesem Schritt veranlasst haben. Nimmt man ein Pflegekind an, um für irgend etwas sorgen zu können, oder betrachtet man dieses Kind als Manifestation seiner selbst, dann geht man das Risiko ein, mit erheblichen Problemen konfrontiert zu werden, sei es in Bezug auf das Verfahren oder durch das Kind selbst. Auch wenn das Sorgen für andere ein Teil Ihres Wesens ist und Sie in der Lage sind, den anderen wirklich zu sehen (und auch davon absehen können, für jemanden zu sorgen, für den das besser ist), so dass er nicht unbewusst einen Teil von uns »füllen« muss, werden Sie dennoch bei Saturns Lauf durch das 5. Haus eine Reihe von Hindernissen überwinden müssen (es bleibt nun einmal Saturn). Allerdings werden Sie diese Hindernisse gut bewältigen können und sie werden Sie auch nicht aus der Fassung bringen. Es ist übrigens sehr gut möglich, dass schwierige Erfahrungen mit Kindern im weitesten Sinn uns dabei helfen können, bestimmte Bedürfnisse, Ängste und Verhaltensweisen aufzuklären.

Das 5. Haus ist für seine Neigung bekannt, auch einmal ein Wagnis einzugehen. Von daher gehören Spekulationen und Wetten zu diesem Haus. Es ist eigentlich überflüssig zu erwähnen, dass, wenn man immer schon zu große Risiken eingegangen und trotzdem alles gut ausgegangen ist, man damit nicht mehr rechnen kann, wenn Saturn durch das 5. Haus läuft. Die Wahrscheinlichkeit, dass man jetzt zur Verantwortung gezogen wird oder eine realistischere Haltung einnehmen muss, ist sehr groß. Wenn Sie also sehr risikobereit waren, sollten Sie beim Saturntransit durch das 5. Haus versuchen, sich ein wenig zu mäßigen.

Das 5. Haus steht auch für unsere Romanzen. Oft wird es recht oberflächlich gedeutet und wir müssen uns daran erinnern, dass ganz unterschiedliche psychologische Dynamiken zu Verliebtheit oder zu einer Romanze führen können. Ein Mangel an Selbstvertrauen kann beispielsweise die Neigung mit sich bringen, sich immer wieder beweisen zu müssen und viele »Eroberungen« zu machen oder aber besonders herausfordernd aufzutreten. Aber auch das Gegenteil ist möglich: Man legt eine übertrieben unabhängige oder unnahbare Haltung an den Tag oder man zieht sich völlig zurück und traut sich nicht, einen Schritt zu tun. Wenn man dann in Therapie geht und beim Therapeuten Verständnis erfährt, ist eine Verliebtheit als unbewusste Reaktion darauf sehr gut möglich. Natürlich kann man sich auch ganz einfach verlieben. Woraus diese Verliebtheit auch entstehen mag, Saturn konfrontiert uns jetzt durch seine Probleme mit den tieferen Motiven oder er unterzieht unsere Liebe einer Prüfung. Sind diese Gefühle echt, kann es sein, dass die Person, der unsere Liebe gilt, für eine Weile verreisen muss, oder schwere Verpflichtungen hat oder Hilfe braucht und Ähnliches mehr. Wenn Verliebtheit die Folge einer Überkompensation ist, bekommt man möglicherweise plötzlich dann die Quittung dafür, wenn man gar nicht damit gerechnet hat, weil man selbst immer derjenige war, der das Heft in der Hand behielt, oder man trifft auf einen Partner, der nett zu sein scheint, uns aber in unglaubliche Szenen verwickelt, um nur einige Beispiele zu nennen.

Alle diese äußeren Ereignisse kreisen um das Thema »inneres Kind«, d.h. darum, dass man noch genießen kann, mit sich selbst glücklich ist und so viel innere Autorität und Selbstvertrauen besitzt, dass man nichts übertreiben muss und seinen inneren Kurs beibehalten kann. Das sind die Themen, die Saturn uns vor Augen führen will.

Der rote Faden durch die Feuer-Häuser

Mit Saturns Lauf durch das 1. Haus standen unsere Selbständigkeit in der Außenwelt und die Frage im Mittelpunkt, ob wir aufgrund äußerer Bedingungen leicht aus dem Feld zu schlagen waren. Je mehr man in dieser Periode bei sich selbst bleiben konnte, desto stärker ist auch die Basis, um eventuell schwierige, selbst unterminierende Erfahrungen bezüglich unseres Egos gelassen durchzustehen, sobald Saturn durch unser 5. Haus läuft. Dann muss man keine zusätzliche Energie investieren, um nach außen hin »besonders nett« zu sein, nur um ja auch weiterhin Komplimente zu bekommen (was eigentlich darauf hinausläuft, dass man sich selbst verkauft). Aufgrund dessen ist man eher in der Lage, auf innere Signale zu achten, die einem früher oder später den Weg weisen. Hingen wir jedoch ständig an den Lippen anderer, wird der Transit von Saturn durch das 5. Haus uns erneut damit konfrontieren. Die positive Folge ist, dass man im Nachhinein noch daran arbeiten kann, sich selbst näher zu kommen. Dieser Transit läuft dem Transit von Saturn durch das 9. Haus voraus, demjenigen Haus, in dem wir nach unseren Zielen in der Zukunft und deren Erreichbarkeit gefragt werden. Wenn man beim Saturntransit durch das 5. Haus wieder entdecken gelernt hat, woran man Freude hat und was wirklich zu einem gehört, kann man sich mit Saturn durch das 9. Haus realistische Ziele setzen und viel besser unterscheiden, welche davon erreichbar sind und welche Projektionen von Träumen waren. Damit können wir auch ein Gefühl von Sinn und Zusammenhang erleben. Wenn Saturn aber bei seinem Lauf durch das 5. Haus aus einem Gefühl von Zurückweisung und Groll heraus erfahren wird, wird er uns bei seinem Transit durch das 9. Haus mit dem Empfinden von Sinnlosigkeit und einem Mangel an Einsicht in innere Ziele konfrontieren.

Saturn war bei seinem Transit durch das 2. Haus damit beschäftigt, mittels Konfrontationen nach unserer inneren Motivation zu suchen. Die können wir jetzt gut gebrauchen, wenn es zeitweise zu Zweifeln über unser Handeln kommt (denken Sie an das Beispiel mit der Führungskrise). Und wenn wir uns beim Saturntransit durch das 5. Haus auf die Suche nach neuen Hobbys und Aktivitäten begeben, kann die Tatsache, dass wir von innen heraus festen Boden unter den Füßen haben, uns schneller dazu motivieren, etwas anzugehen, als wenn wir bei seinem Lauf durch das 2. Haus in äußerem Halt stecken geblieben sind.

Saturns Lauf durch das 5. Haus ist von entscheidender Bedeutung für später, wenn er durch das 8. Haus, das nachfolgende feste Haus laufen wird,. Wenn wir jetzt nämlich nicht erkennen, was wir wirklich wollen und kein Selbstvertrauen aufbauen können, fehlt uns eine wichtige Grundlage für den Mut, etwas zu verarbeiten. Falls man keinen inneren Kern oder keine innere Kraft besitzt, ist es sehr schwierig, sich seinen weniger netten Seiten und seinen Verdrängungen zu stellen, während Saturn durch das 8. Haus läuft. Die Wahrscheinlichkeit, dass man noch mehr Verstecken spielt, wird größer, ebenso die Gefahr, sich während dieser Zeit trübsinnig und völlig demotiviert zu fühlen. Hat man aber mit Saturn durch das 5. Haus Einsicht in seine eigene Kraft und Motivation bekommen können, dann hat man einen fabelhaften Ausgangspunkt, um auf positive Weise in innere Tiefen vorzudringen.

Das Oppositions-Haus

Die Ausrichtung auf uns selbst im 5. Haus hat in vielerlei Hinsicht Folgen für unser Funktionieren in einer Gruppe gleich gesinnter und gleich denkender Menschen. Wenn man mit Saturn durch das 5. Haus erlebt, dass man für bestimmte Aktivitäten, Hobbys und Interessen keine Lust mehr hat, ist es natürlich auch schwierig, sich in einem Kreis von Menschen wohl zu fühlen, der mit unseren alten Interessen verbunden ist. Oder wenn man an sich selbst zweifelt oder mit sich selbst konfrontiert wird, kann man erleben, dass man von den Menschen abhängiger wird, mit denen man vertraut ist. Und doch ist Vorsicht geboten; ich habe verschiedentlich erlebt, dass einige Menschen, die zu unserem 11. Haus gehören, mit eine der Ursachen für die Probleme sind, die wir im 5. Haus erfahren. Beispielsweise kann ein Politiker, wenn Saturn durch sein 5. Haus läuft, von seinen eigenen Gefolgsleuten angegriffen werden oder es können Zweifel aufkommen. Die eigenen Gefolgsleute, die Parteigenossen, fallen unter das 11. Haus.

Wenn man aber beim Saturntransit durch das 5. Haus lernt, (wieder) Freude von innen heraus zu erleben, wird dies auch seinem Funktionieren im 11. Haus zugute kommen; besonnenes Selbstvertrauen kann die natürliche Folge haben, dass man auch anderen ganz selbstverständlich Raum geben kann.

Der Einfluss auf das folgende Haus

Sobald Saturn durch das 6. Haus läuft, werden wir mit den Bedingungen der »objektiven Wirklichkeit« konfrontiert – mit allerlei Situationen also, die wir nicht einfach nach unseren Vorstellungen gestalten können, wie beispielsweise gesellschaftliche Anforderungen, unseren Arbeitgeber, unseren Körper und so weiter. Es ist eine Zeit der kritischen Analyse unserer selbst und unseres Funktionierens. Es ist verständlich, dass man das viel besser, objektiver und nuancierter angehen kann, wenn es einem nicht an Selbstvertrauen mangelt. Auch wenn man bei Saturns Lauf durch das 6. Haus viel härter anpacken oder arbeiten muss, wird man seine Grenzen besser ziehen können, falls man weiß, was man will und von innen heraus motiviert ist.

Diese Eigenschaften kann man beim Transit von Saturn durch das 5. Haus erwerben oder verstärken.

Hat man bei Saturns Lauf durch das 5. Haus versucht, der Konfrontation mit seinen Bedingungen zu entkommen, indem man sich mit Verpflichtungen und Aktivitäten überhäuft hat, um Ansehen und Komplimente zu bekommen, wird die Erfüllung dieser Pflichten einem mit Saturns Transit durch das 6. Haus sehr schwer fallen. Die Entscheidungen hingegen, die wirklich zu uns gehören, werden trotz allem bei Saturn durch das 6. Haus motiviert bleiben. Dafür werden wir dann auch genügend Energie aufbringen können.

Saturn durch das 6. Haus

Viele Menschen, bei denen Saturn durch das 6. Haus läuft, beklagen sich darüber, dass es in dieser Periode an ihrem Arbeitsplatz härter und schwieriger zugeht als vorher. Beispielsweise sind in einem bestimmten Zeitraum (der manchmal sehr lange dauert) mehr Kollegen krank als das normalerweise der Fall ist, so dass man mit wesentlich weniger Leuten die gleiche Menge an Arbeit zu bewältigen hat bzw. mithelfen muss, die Aufgaben des (der) Kranken aufzufangen. Möglicherweise zeigt sich dann auch, dass die Arbeit insgesamt nicht so gut organisiert ist, wie alle geglaubt hatten, wodurch es erforderlich wird, alles zu überarbeiten, womöglich sogar zu reorganisieren oder umzustrukturieren. Ist wirklich alles noch so effizient? Sind die Vorgehensweisen wirklich klar? Möglicherweise nicht! Und wenn es besonders ungünstig aussieht, ergeben sich auch noch Unsicherheiten bezüglich der zukünftigen Beschäftigung, möglicherweise sogar im Hinblick auf die eigene Position.

Arbeiten Sie selbständig? Dann kann es sein, dass Sie mit zu vielen Klienten, Aufträgen oder Aktivitäten konfrontiert werden und der Hetze nicht mehr entgegenwirken können – oder aber es geschieht plötzlich gar nichts mehr. Saturn hat nun mal die Tendenz, die Konfrontationen durch »zu viel« oder »zu wenig« zu erschweren. In beiden Fällen sorgt er für Druck: Bei einem Zuviel kommt man kaum noch zu sich selbst, aber bei einem Zuwenig kann der Druck durch den Mangel an Aussichten eine große innere Last bedeuten.

Um noch kurz beim Thema Arbeit zu bleiben: Es kommt sehr häufig vor, dass man ausgerechnet dann, wenn der Druck am Arbeitsplatz beim Saturntransit durch das 6. Haus zunimmt, nicht mehr so viel Freude an seiner Beschäftigung hat oder im Allgemeinen keine Lust mehr verspürt zu arbeiten. Am liebsten würde man ganz aussteigen. Oder, was auch sehr häufig passiert, ist, dass man mit gesundheitlichen Problemen zu kämpfen hat oder einfach schneller müde wird als vorher. Diese Müdigkeit kann sicherlich auch auf eine verringerte Motivation zurückgeführt werden. Hier sehen wir übrigens, wie die Erfahrungen beim Saturntransit durch das 2. Haus weiterwirken. Wenn wir damals keine Motivation erlangen konnten, steht sie uns auch jetzt kaum zur Verfügung!

Wenn an unserem Arbeitsplatz alles ein wenig schwerfälliger abläuft, der Arbeitsdruck stark zunimmt oder der nette Chef weggeht und sein Nachfolger nur Schwierigkeiten macht, ist es natürlich möglich, sich ein neues Beschäftigungsfeld zu suchen. Sie sollten aber erkennen, dass Sie mit einem Stellenwechsel allein den Saturntransit durch das 6. Haus noch nicht los sind. Ich habe beispielsweise erlebt, das einige Leute tatsächlich einen neuen Arbeitsplatz fanden, der ihnen besser gefiel. Im Nachhinein stellten sie aber fest, dass sie es auch hier mit einer (befristeten) Zunahme an Arbeitsdruck zu tun bekamen oder kurze Zeit später in eine unerwartete Reorganisation gerieten. Oder sie mussten erleben, dass die neue Firma von einem anderen Betrieb übernommen wurde und dass danach ein ganz anderer Wind wehte. Deshalb ist die Arbeit an unserem eigenen Inneren das beste Heilmittel; mit Saturn wird uns der äußere Halt nicht immer Unterstützung bieten.

Im Fall von Arbeitslosigkeit gelingt es mit Saturn im Transit durch das 6. Haus nicht so ohne weiteres, einen passenden Arbeitsplatz zu finden. Geben Sie den Mut nicht auf! Bedenken Sie, dass Saturn Ihnen tatsächlich helfen wird, wenn Sie sich seinen Bedingungen überlassen. Also: Fangen Sie da an, wo es möglich ist, klagen Sie nicht, legen Sie einfach los und tun Sie

Ihr Bestes. Und dann kommt sicher der Moment, wo Sie jemandem begegnen, der Ihnen die Chance gibt, etwas anderes zu tun oder der Ihnen hilft, Türen zu öffnen, so dass Sie letztlich an einem Platz landen, an dem es Ihnen sehr gut gefallen wird. Vergegenwärtigen Sie sich, dass der Druck an diesem Punkt von selbst aufhört und dass wieder Ruhe einkehren wird, wenn Saturn ins 7. Haus läuft.

Wenn Sie Firmeninhaber sind und Personal suchen, wird dieses Unterfangen beim Saturntransit durch das 6. Haus etwas schwieriger verlaufen. Das gilt übrigens für jede Form von Dienstleistung – auch die Suche nach einer Haushaltshilfe kann jetzt Probleme mit sich bringen. Für gewöhnlich muss man ein wenig mehr Geduld aufbringen und einkalkulieren, dass eine gute Haushaltshilfe zeitweise aufgrund einer Krankheit – einem gebrochenen Bein beispielsweise – ausfallen wird. Für einen Arbeitgeber ist Saturns Transit durch das 6. Haus eine hervorragende Zeit, um an einer Verbesserung der Arbeitsplätze und Arbeitsbedingungen zu arbeiten. Jetzt ist die Zeit günstig, falls Apparaturen ausgetauscht oder Produktionsprozesse neu eingeschätzt werden müssen. Nehmen Sie sich genügend Zeit für eine gründliche Planung und achten Sie auf Signale, denn Saturn zeigt uns bei seinem Lauf durch das 6. Haus anhand von Problemen genau, wo die Schwierigkeiten liegen.

Saturn stellt uns hier mehr als deutlich die Frage: *Sind die Entscheidungen, die du in der Vergangenheit bezüglich Arbeit und Verpflichtungen getroffen hast, wirklich die richtigen gewesen?* Je weniger unsere Entscheidungen zu uns gehören, um so schlechter wird man mit schwierigen Umständen zurechtkommen. Saturn konfrontiert uns auch mit allerlei Schlampereien im Arbeits- und Verwaltungsbereich; das betrifft übrigens auch unsere Gesundheit. Jetzt erhalten wir die Quittung für unsere Nachlässigkeiten und werden aufgefordert, die Dinge wieder in Ordnung zu bringen. Beim Saturntransit durch das 6. Haus kann man möglicherweise auch krank werden, aber das muss nicht sein.

Die Themen Arbeit und Gesundheit/Krankheit scheinen zwar sehr verschieden zu sein, und doch sind sie durch eine tiefere Bedeutung im 6. Haus miteinander verbunden. Ich bezeichne sie als Faktoren, die einen Teil unserer objektiven Wirklichkeit ausmachen. Unsere Arbeitgeber und die Gesellschaft, in der wir leben, stellen Bedingungen, die wir zu erfüllen haben. Wenn wir uns um einen Arbeitsplatz bewerben, werden wir aufgrund von Kriterien wie Erfahrung und Diplomen beurteilt. Das sind Bedingungen, an denen wir selbst wenig ändern können. Wir bekommen einen bestimmten Arbeitsplatz für gewöhnlich auch nur dann, weil wir die Bedingungen (und das Bewerberprofil) erfüllen.

Unser Körper stellt ebenfalls objektive Bedingungen in Form von Schlaf, Ernährung und Körperpflege. Für einen gewissen Zeitraum können wir es uns leisten, unachtsam damit umzugehen, ohne große Probleme zu bekommen, denn für gewöhnlich haben wir noch Reserven. Allerdings gibt es auch hier eine Grenze, mit der uns Saturn im Transit durch das 6. Haus konfrontiert. Jahrelang zu wenig Schlaf gehabt? Jetzt macht sich der Mangel bemerkbar. Jahrelang nur Fast Food konsumiert? Jetzt melden sich erste Beschwerden. Umgekehrt gilt aber: Wenn man in den vorhergehenden Jahren gut für sich selbst gesorgt hat, braucht man beim Saturntransit durch das 6. Haus nicht allzu viel zu befürchten. Passiert aber trotzdem etwas, sollten Sie nicht gleich denken, dass das allein Ihre Schuld ist! Hinter dem 6. Haus steckt nun einmal ein tieferes objektivierendes Prinzip, deshalb können wir auch mit den Grenzen unserer Erbfaktoren konfrontiert werden.

Grenzen spielen jetzt in jeder Hinsicht eine wichtige Rolle. Körperlich werden wir in dieser Hinsicht die entsprechenden Signale erhalten, aber auch auf andere Weise zeigt sich dieses Thema. Im Bezug auf unsere Beschäftigung stellen sich beispielsweise Fragen wie: *Welche Fertigkeiten besitze ich und welche nicht? Welche nützlichen Fertigkeiten will ich noch erlernen oder welche brauche ich, um besser (und effizienter und zielgerichteter) handeln zu können?* Gleichzeitig taucht die Frage auf, wo wir selbst unsere Grenzen setzen in Bezug auf das Maß an Stress und Unruhe, dem wir uns noch aussetzen wollen. Ist man arbeitslos, kann die Frage auftauchen, wie wichtig uns Arbeit eigentlich ist. Lässt man sich von den Grenzen einschüchtern, die die Gesellschaft zwischen Arbeitslosen und Berufstätigen zieht? Was macht es uns aus, wenn andere uns als Profitler ansehen, weil wir Arbeitslosenunterstützung beziehen? Haben Sie das Bedürfnis, Ihre Zeit auf andere Weise sinnvoll zu nutzen, beispielsweise mit einer ehrenamtlichen Tätigkeit? Und wenn Sie berufstätig sind, verstecken Sie sich dann hinter dem Image, ein Schwerarbeiter zu sein? Auch das sind Fragen, die uns Saturn bei seinem Transit durch das 6. Haus stellt.

Wenn man nicht berufstätig ist, sondern beispielsweise Hausfrau, kann beim Saturntransit durch das 6. Haus das Bedürfnis wach werden, wieder einer Beschäftigung in der Gesellschaft nachzugehen. Wenn man diesen Wunsch allerdings in die Tat umsetzen will, wird man häufig mit gesellschaftlichen Vorurteilen konfrontiert oder man bekommt zu hören, dass sich seit der letzten Berufstätigkeit so vieles verändert hat, dass man neben der normalen Arbeit noch ein Menge Neues dazulernen muss.

Selbst wenn man nicht auf Arbeitssuche ist und sich zu Hause eigentlich recht wohl fühlt, kann Saturn dafür sorgen, dass die Arbeit zeitweise anstrengender wird. Nachlässigkeiten im Bereich der Instandhaltung des Hauses können uns jetzt unangenehm aufstoßen. Auch wenn wir bereits beim Transit von Saturn durch das 4. Haus häufig mit der Notwendigkeit konfrontiert werden, Reparaturen am Haus vorzunehmen, spielt dieser Faktor bei seinem Lauf durch das 6. Haus ebenfalls eine Rolle. Allerdings sind hier die notwendigen Reparaturarbeiten viel eher die Folge davon, dass man allerlei kleinere Mängel nicht rechtzeitig behoben hat. Beispielsweise ist der Abfluss verstopft, weil man ihn nicht rechtzeitig gereinigt hat. Es sind eher Kleinigkeiten, die jetzt im Vordergrund stehen. Notwendige

Dinge wie die Reparatur des Gartenzaunes, die man schon viel zu lange vor sich hergeschoben hat, müssen jetzt dringend in Angriff genommen werden, beispielsweise weil sich der Hund für die Freiheit entschieden hat oder den (zu) kleinen Kindern die Welt außerhalb des Zauns plötzlich verführerisch erscheint.

Saturn fordert uns oft auch dazu auf, sich für etwas Bestimmtes wirklich anzustrengen, um herauszufinden, ob wir die Sache auch tatsächlich wollen. Ich habe mehrmals erlebt, dass Menschen, bei denen Saturn durch das 5. Haus lief, dahinter kamen, was wirklich zu ihnen gehört und sich für eine neue Ausbildung entschieden. Allerdings mussten sie auch weiter zur Arbeit gehen, um ihren Lebensunterhalt oder die Versorgung der Familie zu gewährleisten. Und das erzeugte beim Saturntransit durch das 6. Haus noch zusätzlichen Druck. Denn neben den üblichen Verpflichtungen, der gewohnten beruflichen Beschäftigung, gab es nun noch ein zusätzliches Studium oder andere Vorbereitungen, um ein Ziel in der Zukunft zu erreichen. Beim Transit von Saturn durch das 6. Haus liegt die Betonung auf harter Arbeit oder Zupacken; die Belohnung erhält man erst später. Sollte man wirklich motiviert sein, wird man bemerken, dass die Sache auch tatsächlich glückt, und wenn es noch so viel Mühe kostet. Die Erfahrung lehrt, dass manchmal erst viele Jahre später, wenn Saturn bereits durch das 10. Haus läuft, immer noch oder wieder die Früchte geerntet werden können. Das Gleiche gilt übrigens für ein motiviertes und kraftvolles Zupacken bei Problemen am Arbeitsplatz. Natürlich gibt es Menschen, die während des Saturntransits durch das 6. Haus dazu neigen, bei jedem Wehwehchen zu Hause zu bleiben und sich besonders gründlich auskurieren. Auf diese Weise kann man den Transit von Saturn natürlich ganz gut überstehen. Aber Jahre später, wenn Saturn durch das 10. Haus läuft, bekommt man die Quittung präsentiert. Durch kräftiges Zupacken, ohne auf Anerkennung erpicht zu sein – die bekommt man sowieso selten bei Saturn durch 6 –, kann die Belohnung sich jedoch noch einstellen.

Die Ausrede, dass man dann längst woanders arbeitet, erweist sich in der Praxis als unzutreffend. Man trägt nämlich unbewusst selbst zu dem bei, was man getan hat und wer man ist. Genau das strahlen wir auf irgendeine Weise aus. Zudem spielen subtile, unbewusste Prozesse in der wechselseitigen Kommunikation eine wichtige Rolle, auch am Arbeitsplatz. All das trägt zu dem Eindruck bei, den man bei anderen erweckt. Dieses Muster ist nicht von einem bestimmten Arbeitgeber abhängig. Die Belohnung im 10. Haus richtet sich für gewöhnlich nicht nach dem Grundsatz: «Weil du damals so viel gearbeitet hast, bekommst du jetzt...«, es ist vielmehr eine Belohnung, die mit unserer Ausstrahlung und Arbeitshaltung zusammenhängt, in der frühere Erfahrungen und Haltungen mitschwingen. Beispielsweise sagt man uns: »Ich denke, dass Sie für diese Funktion gut geeignet sind«.

Wenn Saturn durch 6 läuft, hat man oft eine Vielzahl an Verpflichtungen. Es ist sogar möglich, dass man sich während des Saturntransits durch 6 mit Beschäftigungen und Aktivitäten selbst überlädt, indem man beispielsweise anderen hilft oder eine ehrenamtliche Arbeit übernimmt. Hier muss man sich ganz ehrlich fragen, wofür man das eigentlich alles macht. Um das Gefühl zu haben, etwas wert zu sein? Das könnte mit Problemen zusammenhängen, die man beim Saturntransit durch das 5. Haus unbearbeitet ließ, als es um das Thema »Selbstvertrauen« ging. Weil es jetzt schwierig ist, die eigenen Grenzen zu bestimmen, sollten Sie darauf achten, dass Sie sich nicht zu Tode schuften. Möglicherweise läuft man auch vor sich selbst davon, indem man sich in nützliche und anerkannte Aktivitäten stürzt. Denken Sie aber daran, dass Sie es immer mit Saturn zu tun haben und Ihnen nicht nur die Anerkennung, die Sie suchen, verwehrt bleibt, sondern Sie manchmal sogar mit regelrechter Undankbarkeit rechnen müssen. Auf diese Weise wird man über einen Umweg mit dem konfrontiert, was angepackt werden muss.

Es gibt aber auch Menschen, die sich beim Saturntransit

durch das 6. Haus mit gar nichts beschäftigen wollen und auch überhaupt keine Lust zu irgendetwas haben. In einem solchen Fall kann sich ein starkes Gefühl von Sinnlosigkeit breit machen oder aber die Tendenz, einfach auf alles zu pfeifen. Hier treten dann Probleme mit der Selbstdisziplin auf und man hat Schwierigkeiten, sich zu den allernotwendigsten Dingen aufzuraffen. Ein Einzelgänger kann dann aufgrund eigener Nachlässigkeit sogar in einen Zustand der Verwahrlosung geraten – keine Lust, für sich selbst etwas zu kochen, keine Lust, das Haus zu putzen etc. Die Motivation, die Saturn beim Transit durch das 2. Haus vor langer Zeit einforderte, ist also immer noch nicht gefunden worden.

Das 6. Haus ist auch das Haus der Regeln und »Ausführungsbestimmungen« – ein recht amtliches Haus also. Wenn Saturn durch 6 läuft, kann man mit allerlei Regeln und Gesetzen konfrontiert werden, besonders wenn es um Detailfragen geht. Wenn man etwas unternehmen will, sollte man in dieser Phase alles ganz besonders sorgfältig prüfen!

Der rote Faden durch die Erde-Häuser

Das vorherige Erde-Haus war das 2. Haus, ein Haus, in dem wir mit Fragen bezüglich Sicherheit und Motivation konfrontiert werden. Wir haben bereits gesehen, dass die Motivation, die wir damals entdecken oder aufbauen konnten, uns jetzt dabei zugute kommt, mit unserer Arbeit trotz gelegentlicher Rückschläge weitermachen zu können. Sollten wir uns aber damals für Geld und Sicherheit entschieden und daran festgehalten haben, fällt unsere Motivation jetzt ziemlich schwach aus. Beim Saturntransit durch 2 haben wir auch gesehen, dass wir vor die Entscheidung gestellt werden können, ob wir in unsere Zukunft investieren wollen oder nicht. Ich habe Menschen erlebt, die trotz der größeren finanziellen Belastung und trotz entsprechender Probleme noch eine Ausbildung in Angriff nahmen, die ihnen später von Nutzen sein würde und die ihnen wirklich Spaß machte. Unmittelbar nachdem die Ausbildung dann abgeschlossen war, tauchten Probleme auf, der Markt brach zusammen oder es herrschte ein Mangel an Nachfrage oder aber die Familie forderte zu viel Aufmerksamkeit und Energie. Und dann plötzlich, Jahre später, als Saturn über die Spitze ihres 6. Hauses lief, fanden sie plötzlich eine Stelle in dem Bereich, in dem sie damals ihr Studium absolviert hatten. Einige bekamen sogar eine Stelle angeboten. Als Saturn dann durch das 6. Haus lief, entwickelte sich alles hervorragend weiter; Saturn war natürlich schwierig, aber bei denjenigen, die Lehrer geworden waren, hing das oft mit der Vorbereitung für den Unterricht zusammen, mit dem Finden eines neuen Rhythmus und der Organisation häuslicher Verpflichtungen oder ähnlichen Dingen.

Mit einer positiven Vorgehensweise beim Saturntransit durch das 6. Haus ebnet man den Weg, um später besser zu funktionieren, wenn Saturn durch das 10. Haus läuft. Hier ist nun eine Belohnung sehr gut möglich. Man weiß, was man kann, man kennt seine Grenzen, man hat gelernt, sich von innen her zu motivieren und man ist realistisch im Hinblick auf äußere Umstände geworden.

Der rote Faden durch die beweglichen Häuser

Das 3. Haus war das vorherige bewegliche Haus. Innere Beweglichkeit stand hier im Mittelpunkt. Bei Saturns Lauf durch ein bewegliches Haus sind es oft die sich überschlagenden Details, die uns zu überrollen drohen. Im 12. Haus handelt es sich um innere Bilder und Gefühle, im 3. Haus geht es um Kontakte und Informationen sowie um Tatsachen, mit denen wir konfrontiert werden. Beim Saturntransit durch das 6. Haus werden wir durch allerlei praktische Angelegenheiten und Details, die geregelt werden müssen, immer wieder aus unserem Rhythmus gebracht. Saturn stellt bei seinem Lauf durch die beweglichen Häuser eigentlich unsere Flexibilität auf den Prüfstand und testet unsere Fähigkeit, uns einerseits anzupassen und andererseits bestimmte Erwartungshaltungen loszulassen, um innerlich neue Wege vorbereiten zu können. Läuft Saturn durch das 6. Haus, ein Erde-Haus, sind die Störungen sehr konkret und spürbar; deshalb sind sie auch nicht zu übersehen. Die Zweifel und die Tendenz zum Grübeln, die sich beim Saturntransit durch das 3. Haus einstellen, fallen vielleicht weniger auf, trotzdem haben die damaligen Konfrontationen dazu beigetragen, wie flexibel wir jetzt reagieren können. Wenn Saturn später durch das 9. Haus läuft, werden unsere Erfahrungen bezüglich Flexibilität uns die Kraft geben, verschiedene Ziele und Ideale abzutasten, damit wir uns letztlich für dasjenige entscheiden können, das wirklich zu uns passt.

Das Oppositions-Haus

Im Hinblick auf das Oppositions-Haus – das 12. Haus – gibt es einige extreme Auswirkungen. Alle Belastungen und zusätzlichen Arbeiten oder Aktivitäten können uns letztlich sehr viel abverlangen, weil wir nicht mehr zur Ruhe kommen und auch nicht mehr in der Lage sind zu entspannen. Wenn man Tag für Tag in einem konkreten Bereich nur organisieren und hetzen muss, und das schon über einen längeren Zeitraum – Saturn läuft nun einmal langsam durch ein Haus, abhängig von der Größe des Hauses kann das zwischen ein und vier Jahren dauern – und es ergibt sich nun die Möglichkeit zu entspannen (in den Ferien beispielsweise), dann wird man feststellen, dass man fast unter Entzugserscheinungen leidet und anfangs kaum zur Ruhe kommen kann. Saturn durch das 6. Haus birgt die Gefahr, dass man die Verbindung zu einem tieferen Teil in sich selbst (zeitweise) verliert. Und gerade der Mangel an Entspannung und der Möglichkeit, einmal alles stehen und liegen lassen zu können (12. Haus) kann Folgen für unsere Gesundheit haben. Saturn kann uns bei seinem Transit durch das 6. Haus die Erfahrung bescheren, völlig am Boden zu liegen, wodurch man plötzlich mit Stille und Ruhe konfrontiert wird und die Dinge aus der Hand geben muss. Wenn man sich dem wirklich überlässt, kann uns das 12. Haus auf subtile Weise dabei helfen, wieder aufzutanken.

Unternimmt man aber beim Saturntransit durch das 6. Haus eher wenig, »kneift« und ist kaum motiviert, kann man durch die Oppositionswirkung des 12. Hauses auch leicht von demotivierenden Bildern und Gefühlen überflutet werden oder sich unterminiert fühlen. Die Entspannung, die man dann spürt, fühlt sich oft leer an, so als würde etwas fehlen.

Eine andere Auswirkung, die ich in diesem Zusammenhang erlebt habe, ist, dass jemand durch bestimmte einschränkende Erfahrungen bezüglich Arbeit und Verpflichtungen bei Saturn durch 6 plötzlich erkennt, wie relativ all das Hetzen und Jagen in dieser Gesellschaft ist, und sich plötzlich etwas »Größerem« öffnet. Das kann Religion sein, aber auch ein Bezug zur Natur, zur Umwelt oder zur Dritten Welt. Bei verschiedenen Menschen sah ich den Wunsch aufkeimen, auf diesen Gebieten aktiver zu werden. Diese Bereiche sind für das 12. Haus natürlich eine hervorragende Gelegenheit!

Der Einfluss auf das folgende Haus

Die Belastungen, die Unruhe und die Verpflichtungen bei Saturns Lauf durch das 6. Haus können in dem Moment, wenn Saturn in das 7. Haus läuft, dazu führen, dass unser Partner einen Seufzer loslässt: »Mit wem bist du eigentlich verheiratet, mit mir oder mit deiner Arbeit?« (– selbst wenn man bei Saturn durch 6 schon ausgesprochen kreativ tätig war). Falls man ungebunden ist, könnte sich, wenn Saturn in das 7. Haus läuft, plötzlich das Bedürfnis nach einem Partner melden. Saturn durch 6 führt uns aber von sich aus normalerweise nicht in Amüsierviertel oder zu anderen Orten der Entspannung; folglich besteht in dieser Periode kaum eine Chance, jemanden kennen zu lernen (oder sie ergibt sich am Arbeitsplatz). Mit Saturn durch 6 lernt man gewöhnlich, gut und effizient zu organisieren – in einer Beziehung sollte man das aber nicht übertreiben!

Hat man sich also bei Saturns Lauf durch das 6. Haus kein Bein ausgerissen, entsteht leicht eine Art demotivierte und »schlaffe« Atmosphäre, die einer Beziehung nicht gerade zugute kommt.

Arbeiten Sie mit anderen zusammen und haben sich im Verlauf von Saturn durch 6 allerlei Spannungen in Bezug auf Arbeit, Arbeitsorganisation und Arbeitsverteilung aufgebaut, die nicht besprochen oder aufgelöst werden konnten? Diese können beim Saturntransit durch das 7. Haus ihren Höhepunkt erreichen und eine Lösung zwingend notwendig machen.

Hat man bei Saturn durch das 6. Haus seine Grenzen kennen gelernt und konnte Kritik auf positive Weise aufgreifen, ist man im 7. Haus im Stande, seinem Lebenspartner oder Kompagnon viel menschlicher und realistischer entgegenzutreten, und das kann für die Beziehung sehr heilsam sein.

Saturn durch das 7. Haus

Kann ich in einer intimen Zweierbeziehung bei mir selbst bleiben? Wie abhängig bin ich vom anderen? Wo ziehe ich meine Grenzen? All diese Fragen spielen eine Rolle, wenn Saturn ins 7. Haus läuft. Mir fällt oft auf, dass diejenigen, die etwas von Astrologie verstehen, befürchten, ihre Beziehung könnte nun scheitern, nicht so sehr wegen dem, was in ihrem Alltag passiert, sondern einfach, weil sie den Lauf von Saturn durch das 7. Haus mit Angst und Abschied assoziieren. Obwohl es natürlich auch möglich ist, dass eine Beziehung beim Saturntransit durch das 7. Haus zu Ende geht – er ist nun einmal der Mann mit der Sense –, erlebe ich genauso häufig das Gegenteil, dass Menschen gerade in dieser Phase eine dauerhafte Beziehung eingehen oder sich nach jahrelangem Zusammenleben dazu entschließen zu heiraten oder die Beziehung zu vertiefen, indem sie bestimmte Erfahrungen miteinander teilen und ihnen gemeinsam die Stirn bieten. Die Angst ist also unbegründet, außer man war in einer Beziehung unaufrichtig oder hat andere Dinge getan, für die man jetzt, wenn Saturn das 7. Haus durchquert, die Verantwortung übernehmen muss.

Wichtig für unser jetziges Agieren ist die Frage, in welchem Maß wir uns beim Saturntransit durch das 6. Haus kritisch in Augenschein nehmen konnten und wollten und wie es uns gelang, wir selbst zu bleiben. Wichtig ist auch, inwieweit wir bei Saturns Lauf durch das 4. Haus emotional von der Außenwelt abhängig geblieben sind und in welchem Maß wir bei Saturn durch das 3. Haus den Meinungen und Vorstellungen anderer blind gefolgt sind. Wichtig sind also die Erfahrungen mit den zurückliegenden Häusern, dem vorherigen kardinalen Haus und dem vorherigen Luft-Haus. Standfestigkeit und inneres Rückgrat im mentalen und emotionalen Bereich, gepaart mit einem Blick für die eigenen Schwächen geben uns ein ausgezeichnetes Rüstzeug, um für die Herausforderungen in Bezug auf unsere Partnerschaft bei Saturns Lauf durch das 7. Haus gewappnet zu sein.

Viele Menschen haben tatsächlich eine Weile mit Problemen in der Partnerschaft zu tun. Da aber ebenso Geschäftspartner unter das 7. Haus fallen, kann sich Saturn auch in dieser Hinsicht bemerkbar machen. Ganz plötzlich kann man hier mit Distanz konfrontiert werden. Manchmal besteht bereits seit Jahren ein Problem, dass man aber nie als so akut empfunden hatte, weil man irgendwie damit zurechtkam oder weil man sich abgrenzen konnte und durch andere Belastungen abgelenkt war. Jetzt aber, wo Saturn durch das 7. Haus läuft, scheint es, dass diese Problematik größer wird, während das objektiv betrachtet gar nicht der Fall sein muss. Nur, dass es uns jetzt mehr auffällt, weil wir sensibler dafür sind und uns aufgrund dessen aufgefordert fühlen, die Sache endlich anzupacken.

Die Distanz, die entsteht, kann eine Folge von Saturn durch das 6. Haus sein – vielleicht war man zu sehr von Arbeit oder Verpflichtungen in Anspruch genommen – oder es geht um die Folgen einer schon viel länger andauernden Periode psychologischer Entfremdung. Vor allem, wenn beide Partner auf der Flucht vor der Konfrontation mit gegenseitigen Gefühlen waren, sehr unabhängig sind, oder weil es einem oder beiden schwer fällt, sich auszudrücken oder Probleme mit Nähe und Intimität hat, wird Saturn im 7. Haus diesen beiden bewusst machen, dass sie eigentlich Fremde füreinander sind und dass sie sich unmerklich auseinander entwickelt haben. Gleichzeitig kann sich beim Saturntransit durch das 7. Haus ein größeres Bedürfnis nach emotionaler Nähe, Wärme und Intimität bemerkbar machen, für das Saturn dann als Bremse fungiert. Die Ursache hierfür kann in der Art der Beziehung liegen, aber auch zeitweise durch bestimmte Lebensumstände verursacht werden. Beispielsweise muss der Partner eine Zeit lang ins Krankenhaus oder er hat zeitweise mit großen beruflichen Belastungen zu kämpfen, muss Überstunden machen, kommt sehr spät nach Hause und ist dann völlig übermüdet. Das sind keine idealen Voraussetzungen, um es sich dann noch zusammen gemütlich zu machen. Möglicherweise wird man selbst oder der Partner aus beruflichen Gründen ins Ausland versetzt, wodurch man sich eine Zeit lang seltener sieht. Oder einer der Partner – vielleicht auch beide – gerät in Schwierigkeiten, die mit der Beziehung an sich nichts zu tun haben. Diese Probleme können von einer Depression, der Verarbeitung eines Traumas bis hin zu geforderten Hilfeleistungen bei Familienproblemen variieren. Der andere kann sich dann auf uns stützen wollen und uns brauchen. Sind wir in der Lage, ihm das auch zu geben? Oder hat man ihn schon immer unterstützt, ohne es zu bemerken?

Wenn man selbst oder der Partner öfter und länger von zu Hause weg ist (aufgrund von Krankheit, Studium, Arbeit oder was auch immer), ist man plötzlich auf sich selbst gestellt. Erst dann wird einem klar, wie sehr man sowohl seine Aktivitäten als auch seine Gedanken auf den anderen ausgerichtet hat und in welchem Maß man Rücksicht genommen hat. Wohlgemerkt, das ist ein innerer Prozess, denn der *andere* muss keineswegs darum gebeten haben, dass man Rücksicht auf ihn nimmt. Das verläuft viel subtiler, weil es um etwas geht, das man sich selbst so nach und nach angewöhnt hat. Und wenn der andere dann plötzlich zeitweise weg ist, scheint es, als würde man ganz allmählich wach. Begehen Sie dann nicht den Fehler, dem anderen die Schuld für alles und jedes zu geben; Sie selbst haben es so weit kommen lassen. Es ist besser, diese Periode dazu zu nutzen, dem nachzugehen, was Sie selbst eigentlich gerne möchten, vor allem den Dingen, die in dieser Beziehung keine Form annehmen konnten. Versuchen Sie, in Ruhe darüber zu sprechen und lassen Sie Beschuldigungen außen vor. Schauen Sie, ob Sie gemeinsam eine neue Form finden können. Das gelingt oftmals sehr gut, auch wenn eine Anlaufzeit nötig ist und sich beide Parteien an die neue Situation gewöhnen müssen.

Ich erlebe regelmäßig, dass Frauen im Verlauf ihrer Ehe immer mehr die Zügel in die Hand nehmen, vor allem wenn es um die Organisation des Haushalts und das Regeln der Finanzen geht. Auch wenn sie ihrem Mann sagen, dass er seine Zahlungen jetzt einmal selbst regeln soll, erledigt er das in ihren Augen zu spät. Folglich hat sie es bereits getan, wenn er gerade erst beginnt, daran zu denken. Auf diese Art und Weise schleicht sich allmählich das Muster ein, wonach sie die Dinge in die Hand nimmt und er mit der Zeit keinen Gedanken mehr daran verschwendet. Ist diese Frau dann eine Zeit lang auf sich selbst zurückgeworfen, kann ihr dieses Muster plötzlich aufstoßen. Dann erlebe ich häufig, dass diese Frauen ihrem Mann vorwerfen, sich nie um irgendetwas gekümmert zu haben. Tatsächlich haben sie diese Dinge aber selbst an sich gerissen, ohne sich dessen bewusst zu werden. Das ist ein Beispiel, bei dem Vorwürfe nun überhaupt nicht zur Lösung beitragen. Beide Seiten werden sich das unbewusste Muster ansehen müssen und aufgrund dessen künftig ehrliche Absprachen treffen sowie Acht geben, dass sich keine neuen Muster einschleichen! Hier kann Saturn bei seinem Lauf durch das 7. Haus einen großen Beitrag zu einer ehrlicheren und klareren Beziehung leisten, wodurch sich die Verbindung vertiefen kann. Zunächst steht aber eine Menge Arbeit an – beide Seiten müssen in den Spiegel schauen und sich ihrem Schatten stellen.

Oftmals kommt die Rolle, die wir in unserer Beziehung spielen, unbemerkt zu Stande. Nicht aufgrund von Absprachen, sondern durch ein Zusammenspiel unbewusster Faktoren bei beiden Partnern sowie unbewussten Reaktionen aufeinander. Hier will Saturn jetzt Klarheit schaffen und fordert uns dazu auf, uns klar zu machen, *welche* Rollen hier gespielt werden. Haben Sie immer eine Haltung eingenommen bzw. eine Rolle gespielt, die nur darauf ausgerichtet war, Konflikte zu vermeiden und so zu tun, als wäre man ein Herz und eine Seele? Ging diese Rolle auf Kosten Ihrer Persönlichkeit und Ihrer eigenen Entwicklung? Warum waren Sie nicht Sie selbst? Was hat Sie zurückgehalten und wovor hatten Sie Angst?

Menschen, die in einer guten Ehe leben, werden ebenfalls mit Dingen konfrontiert, die ihre Beziehung betreffen. Nicht nur, dass sich auch hier bestimmte Rollen und Muster eingeschliffen haben, auch andere Dinge können mitspielen. Ich habe mehrmals bemerkt, dass Partner, die als verliebte Kameraden miteinander durchs Leben gehen, plötzlich dahinterkommen, dass ihrer beider Leben so miteinander verwoben war, dass sie dabei waren, ihre innere Selbständigkeit zu verlieren oder sie bereits verloren hatten. Einem Menschen, bei dem Saturn durch das 7. Haus läuft, wird das klar, wenn er beispielsweise plötzlich Angst bekommt, den Partner zu verlieren (unbegründet und ohne sichtbaren Anlass) oder wenn der Partner, aus welchem Grund auch immer, für ein paar Tage weg muss und er selbst nichts mehr unternimmt, so als ob sich durch die kurze Abwesenheit des Partners sämtliche Energie verflüchtigt hätte.

Von einigen Klienten höre ich gelegentlich, dass sie während der Abwesenheit des Partners alles Mögliche tun wollten, um dann festzustellen, dass sie zu gar nichts kamen, sondern bestenfalls vor dem Fernseher gesessen hatten. In einer guten Beziehung kann man darüber sprechen. Ein sehr gutes Heilmittel ist, wenn beide ein oder mehrere Hobbys haben, die sie nicht mit dem anderen teilen und bei denen der Partner auch nicht zugegen ist. Das kann helfen, Teile von sich selbst wiederzufinden und eine eigene Entwicklung zu erleben. Schließlich kann man sich ja ausführlich mit dem Partner über seine Aktivitäten unterhalten.

Ich bemerke auch oft, dass sich Menschen bei Saturns Lauf durch das 7. Haus fragen, wer sie sind und was sie eigentlich von innen heraus wollen. Und das ist immer mit dem Bedürfnis nach mehr Zurückgezogenheit und Alleinsein verbunden. Die

Folge ist beispielsweise, dass sie ein eigenes Zimmer im Haus haben möchten, in das sie sich auch ungestört zurückziehen können. Das ist nicht das Gleiche wie der Anfang vom Ende einer Beziehung, ganz im Gegenteil. Es kann sehr gut sein, dass die Beziehung durch diesen zeitlich begrenzten Verinnerlichungsprozess und etwas mehr Zurückgezogenheit letztlich nur besser wird. Denn derjenige mit Saturn durch 7 kann so innerhalb der Beziehung wieder zu sich selbst kommen und sich auf eine bewusstere Weise für einen Umgang mit dem Partner entscheiden.

Natürlich kommt es auch vor, dass es in einer Beziehung schon eine Zeit lang nicht mehr gut läuft. Dann erleben wir, dass derjenige mit Saturns Transit im 7. Haus Lust bekommt, sich auf und davon zu machen oder heimlich hofft, dass der andere es tut. In diesem Fall hat in den vorhergehenden Jahren kein inneres Band zwischen beiden wachsen können. In den meisten Fällen ging es dann auch um ein hartnäckig behauptetes Rollenspiel ohne Inhalt – was für gewöhnlich sehr unbewusst geschieht. Wenn man selbst oder der Partner sich dann aus dem Staub macht, löst das allerdings gar nichts. Mit dem nächsten Partner gerät man leicht wieder in dasselbe Muster, bis man gelernt hat, was Saturn durch 7 uns beibringen will: innere Selbständigkeit und *Echtheit* im Umgang mit dem anderen, so dass eine ehrliche Verbindung wachsen kann, in der beide Parteien sie selbst bleiben und ihre gegenseitigen Meinungen und Sichtweisen respektieren können.

Einige Male habe ich erlebt, dass Menschen sich beim Saturntransit durch das 7. Haus verliebten. Wenn man nicht erkennt, was sich hier wirklich abspielt, kann das tatsächlich ein Risiko sein! Denn Saturn durch das 7. Haus wird die Problematik, der man in seiner Beziehung zu entfliehen sucht, auch in der neuen Beziehung wieder zur Sprache bringen. Es ist natürlich möglich, dass die Beziehung, in der man jetzt lebt, wirklich ausgedient hat und es einfach nicht mehr geht. Bedenken Sie aber, dass die Flucht in die Arme eines anderen beim Saturntransit durch das 7. Haus insgeheim innere Aufträge und mögliche äußere Probleme mit sich bringt.

Bei Arbeitsgemeinschaften und Teilhaberschaften bringt Saturn durch 7 ebenfalls die Neigung mit sich, klar Schiff zu machen. Der Teilhaber, der diesen Transit hat, wird, ebenso wie in einer Partnerschaft, jetzt viel sensibler für die Dinge sein, die mühsam verlaufen oder für all das, was nicht gut aus- und abgesprochen wird. Somit wird es nötig, alles noch einmal der Reihe nach durchzugehen. Erst dann kann eine neue Struktur oder eine neue Organisation gefunden werden, wodurch die Zusammenarbeit wieder jahrelang gut gehen kann. Möglicherweise wird aber auch entschieden, die Sache zu beenden, wenn die Rede ist von Widerwilligkeit oder ein Mangel an Mitarbeit besteht. Vor allem dann, wenn der Kompagnon die Haltung einnimmt »Nun meckere doch nicht, es ist doch immer alles gut gegangen oder? Warum kann es nicht einfach so weitergehen?« Hier ist die Sache schnell klar, weil dieses Verhalten des Geschäftspartners der Neigung Saturns durch das 7. Haus gänzlich entgegensteht.

Auch andere Dinge sind in Bezug auf Teilhaberschaften mit Saturns Lauf durch 7 möglich. Nachfolgend einige Beispiele: Ihr eigener oder der Partner Ihres Kompagnons mischt sich in die Geschäftsabläufe ein, wodurch Probleme auf den Tisch kommen oder erst entstehen können. Ich habe erlebt, dass Geschäftspartner sich trennten, weil die beiden Ehepartner ständig im Streit miteinander lagen und ihren Partnern dementsprechend zusetzten. Hier sieht man, dass die Partnerschaft an sich wohl gut war (ein Faktor des 7. Hauses), aber ein anderer Faktor des 7. Hauses, nämlich der Lebenspartner, für Probleme sorgte.

Auch Fragen, wer welche Verantwortung trägt, spielen eine wichtige Rolle bei Saturns Lauf durch das 7. Haus. Bei geschäftlichen Dingen ist es gut, sich einmal anzuschauen, was man sich gegenseitig überlässt. Ist man in der Lage, die Firma aufzufangen, wenn der andere krank wird? Wie verläuft die Kommunikation? Ist die Aufgabenverteilung wirklich ehrlich? Wird einer der Partner als dominant erfahren? Das kann sehr subtil verlaufen, wie bei dem Klienten, der sich selbst innerhalb einer Geschäftsverbindung alles andere als dominant einstufte. Als aber bei seinem Geschäftspartner Saturn durch das 7. Haus lief, gab dieser zu erkennen, dass er sich die Launenhaftigkeit des anderen nicht länger bieten lassen wolle. Saturn durch das 7. Haus machte diesen Mann sensibler für die negativen Äußerungen seines Geschäftspartners und er erkannte zunehmend, dass er all dem im Verlauf der Jahre immer mehr aus dem Weg gegangen war, indem er seine Arbeit so einrichtete, dass er seinem Kompagnon immer seltener begegnete. Ferner wurde ihm klar, dass die so entstandene Arbeitsaufteilung alles andere als optimal war, da beide eigentlich nicht mehr so recht wussten, was der andere nun tat. Hinzu kam das Gefühl des Kompagnos, dass die Launenhaftigkeit und schnelle Erregbarkeit seines Teilhabers nicht nur das Arbeitsklima untergruben, sondern auch eine Form von Manipulation darstellten. Versuchen Sie einmal, all das mit einem hoch empfindlichen Geschäftspartner zu besprechen. Letztendlich ist diese Geschichte auch nicht gut ausgegangen. Noch während des Transits von Saturn durch das 7. Haus wurde die Geschäftsverbindung mit den entsprechenden Verletzungen und Problemen aufgelöst, allerdings zur großen Erleichterung des Partners mit dem Saturntransit im 7. Haus.

Das Thema Verantwortlichkeit spielt auch in Liebesbeziehungen eine wichtige Rolle. Es kann überhaupt nichts schaden, sich darauf zu besinnen. Was aber steht an, wenn man weder einen Lebens- noch einen Geschäftspartner hat? Selbst dann wirkt sich Saturns Lauf durch das 7. Haus aus. Bei Kindern ist das 7. Haus eher eine Phase in ihrem Sozialisationsprozess, wodurch sie einen stärkeren Blick für Etikette und Regeln bekommen, die den Kontakt mit anderen angenehmer gestalten. Wenn ein Kind einen Saturntransit durch das 7. Haus erlebt, hat es oft ein größeres Bedürfnis danach, allein zu sein, und es wird auch weniger dazu neigen, einen großen Freundeskreis um sich zu scharen. Bei allein stehenden älteren Menschen habe ich häufig erlebt, dass sie in dieser Zeit sehr oft mit ihrer zurückliegenden Ehe (manchmal mehreren) beschäftigt waren. Sie hatten aber immer auch mehr Schwierigkeiten mit dem Alleinsein und unternahmen Schritte, diesen Zustand zu durchbrechen. Beispielsweise nahmen sie an Aktivitäten für ältere Leute teil oder sie bewarben sich um einen Platz in einem Altersheim oder um eine Altenwohnung.

Wenn man mitten im Leben steht und keinen Partner hat, kann uns Saturn im Transit durch das 7. Haus paradoxerweise ein starkes Verlangen nach einer Partnerschaft bescheren. Es ist sogar möglich, eine Beziehung zu idealisieren, über eine Menge Schwierigkeiten zu klagen und darunter zu leiden, »dass es einfach nicht klappt«. Ich habe erlebt, dass es nicht immer gut ging, wenn sich Menschen bei einem Eheanbahnungsinstitut angemeldet hatten. Die Frage, die Saturn jetzt auf einer tieferen Ebene stellt, ist, warum man alleine geblieben ist und warum man jetzt eine Beziehung so sehr idealisiert. Wie wirken Sie auf andere, wie verhalten Sie sich in einer Zweierbeziehung? Welche Forderungen und Erwartungen haben Sie im Hinblick auf sich selbst und den anderen? Natürlich muss es nicht Ihre Schuld sein, dass es nie geglückt ist, und doch ist eine Analyse des Beziehungsthemas in uns selbst bei Saturns Lauf durch das 7. Haus sicherlich angebracht und oft auch sehr erhellend.

Ein letzter Punkt bei Saturn durch das 7. Haus ist noch erwähnenswert. Das 7. Haus wird auch als das Haus unserer offenen Feinde angesehen. Wenn Saturn durch das 7. Haus läuft, besteht tatsächlich ein größeres Risiko, angegriffen oder beschuldigt zu werden (und nicht selten handelt es sich dabei um falsche Anschuldigungen) oder in unerquickliche Angelegenheiten verwickelt zu werden. An sich kann man daran nichts ändern, und es ist lästig. Allerdings ist es auch wichtig, aufrichtig und bei sich selbst zu bleiben. Hat man Leuten, die man nicht mag, seinerzeit einen Streich gespielt, bekommt man das nun aufs Butterbrot geschmiert. Manchmal hat man jemanden unabsichtlich in Schwierigkeiten gebracht und wird jetzt mit den Folgen des damaligen

Verhaltens konfrontiert. Nun wird einem klar, wie man sich durch seine eigene Haltung Feinde geschaffen hat. Allerdings ist man mit Saturn durch 7 auch empfänglicher für negative Projektionen von Menschen, mit denen man zu tun hatte. Saturn fordert hier auf, das, was in der Vergangenheit schief gegangen ist, in Ordnung zu bringen und, falls einen kein Tadel trifft, mit sich selbst darüber zu Rate zu gehen, was es ist, das einen jetzt am meisten aufregt. Es ist etwas in uns selbst, woran gearbeitet werden muss. Wenn wir das angehen, werden wir in Bezug auf Beziehungen weniger verletzbar und kommen besser zurecht.

Der rote Faden durch die Luft-Häuser

Die mentale Selbständigkeit, die wir mit Saturn durch das 3. Haus erwerben oder vertiefen konnten, hilft uns jetzt dabei, die unterschiedlichen Ansichten unseres Partners sowie uns selbst differenziert zu betrachten. Somit verlaufen Diskussionen ruhiger und objektiver. Wenn man aber bei Saturns Lauf durch das 3. Haus weiterhin anderen hinterher gelaufen ist, wird man nun mit dem Dilemma konfrontiert, dass man einerseits eine Reihe von Dingen anders sieht als der Partner, andererseits aber zu ängstlich ist, die Dinge auf den Tisch zu bringen, weil man sich abhängig gemacht hat. Vielleicht zweifelt man auch sehr stark an sich selbst und lässt sich schnell in eine Ecke drängen, wenn man mit dem Partner streitet. Hat man sich aber beim Saturntransit durch das 3. Haus getraut, seine Zweifel an der eigenen Sichtweise und Interpretation von Dingen anzuschauen und sich ehrlich auf die Suche nach der eigenen inneren Meinung gemacht, wird man jetzt viel besser mit Zweifeln im Verhältnis zum Partner umgehen können. Dadurch werden wir auch nicht so leicht aus dem Feld zu schlagen sein. Das 7. Haus ist ein Luft-Haus und es betrifft daher Kommunikation, das Gespräch und das Ausräumen von Missverständnissen.

Falls es uns hier gelingt, die Dinge in Ordnung zu bringen,

werden wir eine ganze Zeit später, nämlich wenn Saturn durch das 11. Haus läuft, nicht so viel Last mit sogenannten Freunden haben, die uns in Wirklichkeit nur vor ihren Karren spannen wollten. Die Wahrscheinlichkeit, auf diesen Typ Freund zu treffen, besteht dann, wenn wir auf einseitige und problematische Weise im 7.-Haus-Prozess von Saturn stecken bleiben.

Der rote Faden durch die kardinalen Häuser

Das vorherige kardinale Haus war das 4. Haus, in dem wir es in Bezug auf unsere nähere Umgebung mit der Frage zu tun bekamen, ob wir uns hier selbst aufgegeben haben, weil wir nur für andere sorgten, oder ob wir auch in der Lage waren, auf uns selbst Rücksicht zu nehmen. Es dürfte deutlich sein, dass wir, wenn wir damals gelernt haben, sowohl auf andere Menschen in unserer Umgebung bezogen zu sein als auch mit uns selbst rücksichtsvoll umzugehen, jetzt bei Saturn im 7. Haus mit unserem Partner beschäftigt sein können, ohne dass dies auf Kosten unseres eigenen Weges gehen muss. Wie bei allen kardinalen Häusern dreht sich alles um unsere Beziehung zur Außenwelt, im 7. Haus geht es zudem darum, ob wir ausgewogen mit Menschen umgehen können, die unseresgleichen sind (oder sein müssten). Je stabiler wir im Gefühlsbereich beim Saturntransit durch das 4. Haus waren, um so stabiler sind wir in Bezug auf Kontakte in intimen Beziehungen im 7. Haus und desto stabiler können wir uns später der Außenwelt präsentieren, wenn Saturn durch das 10. Haus läuft.

Das Oppositions-Haus

Jeder weiß, dass man, wenn man mit einer Beziehung zu kämpfen hat, auch weniger locker nach außen hin auftritt. Selbst wenn man so tut, als wäre alles in Ordnung, ist die Ausstrahlung eine andere. Die Zugbrücke nach außen – das 1. Haus – wird mit abhängig von der Art und Weise, wie man im 7. Haus versucht, seine Beziehung in Ordnung zu bringen. Geschieht das auf differenzierte und ruhige Weise, wird man auch im 1. Haus mehr Ruhe ausstrahlen. Unsere Zugbrücke kann aber eine beklemmende Ausstrahlung annehmen, wenn der Prozess im 7. Haus schwerfällig verläuft. Wenn es um offene Feindschaft und Beschuldigungen von Feinden geht, selbst wenn es falsche Anschuldigungen sind, hat das natürlich für das persönliche Auftreten und unseren Kontakt zur Außenwelt Folgen. Je ruhiger man anderen entgegentritt, um so geringer wird unser 1. Haus in Mitleidenschaft gezogen.

Der Einfluss auf das folgende Haus

Versuchen Sie im 7. Haus immer noch Verstecken zu spielen? Dann wird es schwierig mit Saturns Lauf durch 8, denn er lässt uns unsere Einsamkeit und Verletzbarkeit spüren und bringt die entsprechenden Gefühle an die Oberfläche. Wenn man aber das Nötige klären konnte und miteinander auf positive Weise weitermachen will, bricht hier oftmals eine Zeit an, in der man wirklich an sich arbeiten und innerlich klar Schiff machen kann. Das ist genau das, was Saturn durch das 8. Haus will. Wenn man aber weiterhin verdrängt, kann Saturn durch das 8. Haus eine schwierige und heftige Reaktion mit sich bringen. Die Ehrlichkeit, die Saturn durch das 7. Haus im Hinblick auf den anderen in unserem Leben fordert, und damit auch in Bezug auf unser eigenes Handeln, wird wichtig dafür sein, dass wir das, was Saturn uns im 8. Haus zeigen will, in Angriff nehmen und verarbeiten können.

Saturn durch das 8. Haus

Sobald Saturn die Spitze des 8. Hauses passiert, beginnt er wie ein Schneepflug alle schwierigen Punkte – das heißt alles Verdrängte, Dinge, die man vergessen hat und was es sonst noch so alles gibt – so lange zu einem großen Haufen zusammenzuschieben, bis man nicht mehr daran vorbeikommt. Deshalb wird der Transit von Saturn durch das 8. Haus so oft als Krise erlebt, im Normalfall jedenfalls nicht als die fröhlichste Periode im Leben. Probleme und Verdrängungen rücken immer näher, und wenn man versucht, ihnen zu entfliehen, oder sich weigert, sie zu erkennen, wird man spüren, dass es eine Menge Energie kostet, davor wegzulaufen, aber auch, dass man letztlich so nicht vorankommt. Auf die eine oder andere Weise spielt das, was sich da nähert und gelöst werden muss, nicht nur im Außen eine wichtige Rolle. Auch von innen beschleichen uns Gefühle, die verarbeitet werden wollen. Geht man diese Emotionen nicht an, behält man möglicherweise ein deprimiertes Gefühl zurück, das bis zu einem Punkt gehen kann, an dem man nicht mehr weiter weiß.

Es ist eine Zeit, in der unser Unbewusstes uns eindringlich sagen will, dass wir endlich begreifen müssen, was unser eigener Schatten und der anderer Menschen wirklich beinhaltet. Welche Dinge hat man an sich selbst nicht sehen wollen? All das wird man jetzt fühlen und erfahren, man wird ihnen in Form von Träumen und Emotionen und häufig auch in Form von Verhaltensweisen anderer Menschen in der Umgebung begegnen. Das führt dazu, dass man möglicherweise den Eindruck gewinnt, in dieser Periode wesentlich mehr als sonst mit unangenehmen Leuten in Berührung zu kommen. Mit Menschen, die Probleme haben, Leuten, die uns eins auswischen, Menschen, die uns im Stich lassen, die uns nicht ernst nehmen oder Schlimmeres noch. Es kommt oft vor, dass jemand während des Transits von Saturn durch das 8. Haus entdeckt, dass er bestimmten Menschen in seiner Umgebung nicht vertrauen kann, von ihnen ausgenutzt wird oder andere schlechte Erfahrungen mit ihnen machen muss. Tatsächlich scheint ein Schatten über dieser Periode zu schweben, aber dieser Schatten war immer schon da. Doch ausgerechnet jetzt kann man darangehen, ihn aufzuarbeiten. Und dann ist es sehr wichtig, den Mut aufzubringen, sich selbst und andere offen und ehrlich anzuschauen. Es ist eine Zeit der Kritik und Selbstkritik.

Neben der Tatsache, dass man in dieser Periode eher in eine schwierige Situation gerät und mit den weniger angenehmen Seiten anderer Leute konfrontiert wird, ist man auch anfälliger für die dunkle Seite der Menschen im Allgemeinen. Möglicherweise führt das dazu, dass man die Nachrichten in Radio und Fernsehen schwerer verdauen kann und alles nur noch als deprimierend empfindet.

Nicht selten geraten diese Menschen in sehr komplizierte Situationen, in Situationen, die mit vielen Emotionen einhergehen. Was im Hintergrund gärt, ist, dass man oft nicht so deutlich durchschaut, dass wir als Menschen nun einmal viele unserer inneren Probleme auf die Außenwelt projizieren. Mit anderen Worten: Das, was man selbst verdrängt hat und bei sich selbst nicht so deutlich durchschaut, sehen wir lebensgroß oder gar doppelt so groß im anderen, selbst wenn der nur ein kleines bisschen davon zur Schau trägt. Eigentlich übertreibt man seine eigenen Verdrängungen; und die dazugehörigen Züge scheinen zu dem anderen zu gehören und nicht zu einem selbst. Unser Ärger und unsere Emotionen in Bezug auf unser Gegenüber sagen viel über das eigene Unbewusste aus. Solange man das nicht durchschaut oder nicht begreift, kann man in Konflikte oder eine sehr verwirrende Situation mit dem anderen geraten. Solange man nicht in sein Unbewusstes schaut, kommt man auch nur sehr schwer aus einer solchen Situation wieder heraus. Darum bringt Saturn durch das 8. Haus als Folge der Konfrontationen mit unseren Projektionen solche schwierigen Verwicklungen mit sich. Das bedeutet aber auch, dass die Verwicklungen in dem Maß abnehmen, in dem man seine Projektionen versteht. Gerade dann, wenn man glaubt, dass man eine bestimmte Facette im Griff hat, taucht Saturn auf und konfrontiert uns mit jemandem, der uns die Schuld für irgendetwas zuweist oder uns auf andere Weise in eine schwierige Situation bringt. Wie reagiert man? Wird man ärgerlich? Dann gibt es, obwohl der andere »angefangen hat«, in uns selbst noch eine Menge Arbeit zu verrichten. Worin besteht der schwache Punkt, dass der andere uns so treffen konnte? Das sind die Testsituationen bei Saturn durch 8. Selbst wenn man bereits Maßhalten gelernt hat und begreift, worum es in einem selbst geht, bleibt man doch längst nicht immer von negativen Projektionen anderer verschont. Wie wir darauf reagieren und wie wir damit umgehen, sind wichtige Anhaltspunkte für unser Maß an innerer Stabilität. Hüten Sie sich vor einer quasi-religiösen Flucht, indem Sie versuchen »darüber zu stehen«, denn dann wird Saturn durch das 12. Haus, viele Jahre später, Sie in Emotionen ertränken. Jetzt ist die Zeit, sich mit den Gefühlen und Emotionen zu verbinden, die nach oben kommen.

Es ist viel los in unserem Unbewussten, deshalb sind wir möglicherweise während dieser Periode gelegentlich auch sehr müde und haben vielleicht sogar die ganze Zeit über bedeutend weniger Energie als sonst. Für gewöhnlich ist das nicht auf eine körperliche Ursache zurückzuführen. Die Verschiebungen in unserem Unbewussten und die Energie, die es kostet, Dinge zu erkennen und zu verarbeiten, führen dazu, dass für unser Bewusstsein einfach weniger psychische Energie übrig bleibt, und man deshalb auch schneller müde wird. Eine der Auswirkungen ist, dass man nach Erledigung der Alltagspflichten (Berufstätigkeit und Besorgungen) keinen Schwung mehr hat und sich deshalb auch nicht mit den schönen Dingen des Lebens befassen kann. Selbst die Lust auf Sexualität kann zeitweise verschwinden oder eine weniger bedeutsame Rolle spielen, ohne dass damit ein sexuelles Problem verbunden sein muss. Wenn Saturn in das 9. Haus eintritt, stellen sich Lustgefühle und sexuelle Aktivität für gewöhnlich von selbst wieder ein. Manchmal kann es als Folge dieser zeitweiligen Unlustgefühle im Zusammenhang mit Sexualität zu Beziehungsproblemen kommen. Bleiben Sie offen und ehrlich miteinander und misstrauen Sie einander nicht!

Menschen mit Saturn durch 8 haben ein stärkeres Bedürfnis nach Stille und Ruhe als sonst. Innerlich wüten Stürme, und wenn es in unserer Umgebung dann auch noch unruhig zugeht, wird uns das schnell zu viel. Dieses Bedürfnis nach Ruhe kann sich darin äußern, dass man sich häufiger alleine zurückzieht. Aber auch in Gesellschaften (ob nun freiwilliger Art oder nicht), neigt man möglicherweise dazu, weniger von sich zu geben, sich in einer Ecke zu verkriechen, kurz: sich so unauffällig wie möglich zu verhalten. Da einem weniger Energie zur Verfügung steht, hat man eben kaum Lust, sich fröhlich und spielerisch zu geben, sondern möchte am liebsten in Ruhe gelassen werden.

Nun ist es sicher nicht so, dass diese ganze Periode von Grübeleien und Elend geprägt ist. Vieles hängt davon ab, wie man die Dinge anpackt und wie sehr man den Mut aufbringt, sich anzuschauen, was wirklich geschieht. Haben Sie den Mut zu erkennen, wie Komplexe in Ihnen selbst zum Störenfried für andere werden können. Trauen Sie sich zu analysieren, wer Ihre wahren Freunde sind und wer nur von Ihnen profitieren will, und gehen Sie ernsthaft mit Kritik um. Seien Sie sich der Tatsache bewusst, dass dies eine Zeit ist, in der Sie ernüchternde Erfahrungen machen werden.

Wenn Sie jetzt den Kopf in den Sand stecken, kommen Sie mit

den entsprechenden Pillen tatsächlich auch über die Runden. Librium, Valium, Prozac und andere Psychopharmaka können uns (wenn auch ein falsches) Gefühl von Ruhe vermitteln. Und zugegebenermaßen verschwindet, sobald Saturn in das 9. Haus läuft, die etwas niedergeschlagene und deprimierende oder konfrontierende Tendenz von selbst wieder. Allerdings hat man sie dann nicht gelöst und deshalb werden die Probleme in anderer Form zurückkehren.

Viele Menschen kommen in dieser Periode dahinter, dass sie mit Problemen konfrontiert werden, die sie längst verarbeitet glaubten. In den vergangenen Jahren konnten sie offen und ruhig über ihre alten Probleme sprechen, und sie hatten nicht das Gefühl, dass davon auch nur ein kleiner Rest übrig geblieben war. Sie empfanden keine Emotionen mehr im Zusammenhang mit diesen alten Themen, sie schienen einen neuen Anfang gemacht zu haben. Doch dann läuft Saturn ins 8. Haus und plötzlich treten all die alten Probleme wieder in den Vordergrund. Jetzt ist es Zeit, die letzten Reste anzugehen, und man spürt, dass man die Dinge auf einem tieferen Niveau verarbeiten und aufgrund dessen auch auf einer tieferen Ebene zur Ruhe kommen kann. Oft ist es verwirrend, noch einmal mit all dem konfrontiert zu werden. Das kann durch Ereignisse im Innen geschehen, beispielsweise durch einen Traum, aber sehr häufig geht es um ein Ereignis, das uns die Vergangenheit in einem anderen Licht erscheinen lässt. Und diesen neuen Blickwinkel gilt es nun zu verarbeiten. Es ist sehr gut möglich, dass man bei diesem Prozess auch sein eigenes altes Verhalten mit anderen Augen sehen lernen muss.

Solche Konfrontationen gehen häufig mit Mutlosigkeit und dem Seufzer einher: »Hört das denn niemals auf?« Man kann sogar daran zu zweifeln beginnen, dass man überhaupt in der Lage ist, etwas gut zu verarbeiten. Wer aber einen tieferen Blick wagt, wird entdecken, warum bestimmte Dinge aus der Vergangenheit noch nicht ganz verarbeitet sein konnten. Und das gibt uns die Möglichkeit, wirklich sehr vieles an altem Ballast endgültig über Bord zu werfen. Eine sehr positive Äußerung dieses Transits ist darum, dass man in tiefstem Sinne die Verantwortung für sein eigenes Leben übernimmt. Man beginnt, von innen her ein Gefühl dafür zu entwickeln, auf welche Weise innen und außen miteinander zusammenhängen.

Da das 8. Haus ein Wasser-Haus ist, geht es auch immer um Gefühlssituationen. Saturn fragt uns bei seinem Lauf durch dieses Haus, in welchem Maß wir emotional unabhängig sind. Stützen wir uns auf andere, weil wir uns gefühlsmäßig unsicher fühlen? Lassen wir unser Gefühlsleben von anderen steuern? Oder nehmen wir es selbst in die Hand? Saturn durch das 8. Haus kann das Bedürfnis mit sich bringen, bei sich selbst zu bleiben und eigene Gefühle und Emotionen zu spüren, unabhängig davon, was andere glauben, sagen oder denken. Das kann zu einer deutlichen emotionalen Abwehr führen. Ich höre oft von meinen Klienten, dass sie in dieser Zeit weniger umarmt werden wollen und auch weniger gut Worte der Wärme und Nähe annehmen können. Manchmal führte das zu Schwierigkeiten; oft zogen sich diese Menschen aber einfach zurück, um Situationen emotionaler Nähe zu vermeiden.

Auch bei Kindern habe ich das erlebt. Oftmals gab es nichts wirklich Schwieriges in ihrem Leben. Mir ist aufgefallen, dass viele aber davon überzeugt waren und vor allem beim Transit von Saturn durch das 8. Haus mit Krisen von außen rechneten. Das ist nun wirklich nicht immer der Fall. Wir dürfen nicht vergessen, dass der Transit von Saturn eine Andeutung unseres eigenen Wachstumsrhythmus ist. Wenn er durch das 8. Haus läuft, wird er uns, was immer auch in den äußeren Lebensumständen geschieht, einfach zu einem Kontakt mit unseren Gefühlen führen, zur Suche nach der eigenen emotionalen Selbständigkeit und zur Verarbeitung von Problemen. Bei kleineren Kindern sieht man diese Tendenz auf eine ganz natürliche Weise Form annehmen. Dafür gibt es ein Beispiel aus meinem eigenen Leben. Unser Sohn war erst wenige Monate alt, als Saturn im Transit über der Spitze seines 8. Hauses hin- und herlief, um anschließend für einige Jahre im 8. Haus zu verbleiben. Er war ein sehr fröhliches und lebhaftes Baby, brauchte aber nicht allzu viel Zärtlichkeit, selbst als Säugling und Kleinkind nicht. In unserer Familie gab es keinerlei Probleme und er war ein ausgesprochenes Wunschkind. Bereits sehr früh begann er zu sprechen, und ich werde nie vergessen, wie er eines Morgens so herrlich unbefangen und fröhlich singend zu spielen anfing, ich war völlig gerührt. Ich ging zu ihm, gab ihm einen Kuss und sagte: »Mama hat dich wirklich sehr lieb.« Das Kerlchen schaute mich mit der gleichen unbefangenen Fröhlichkeit an und sagte: »Nicht zu viel, Mama, nicht zu viel!«

In der Woche, als Saturn endgültig über die Spitze des 9. Hauses lief, fand eine gravierende Veränderung statt. Plötzlich setzte er sich von sich aus auf meinen Schoß und umarmte mich. Von da an wurde er zu einem Kind, dem Zärtlichkeit sehr wichtig war. Wie froh war ich, dass ich über den Transit von Saturn so gut Bescheid wusste. Deshalb habe ich mich als frisch gebackene Mutter (es war unser erstes Kind) nicht zurückgewiesen gefühlt, sondern verstand, dass das einfach der Rhythmus meines Sohns war und dass Saturn immer funktioniert und für jung und alt seine Fragen in petto hat.

Unter das 8. Haus fallen auch die Themen Leben und Tod. Fragen hierüber kreuzen jetzt häufiger unseren Weg, oder wir sind sensibler dafür. Manche Menschen leiden eine kurze Zeit unter der Angst vor dem Tod oder geraten in ein Dilemma, das im Zusammenhang mit Fragen über Leben und Tod steht. Die Wahrscheinlichkeit ist größer, dass man in seiner Umgebung mit künstlicher Befruchtung, Frühgeburten, Operationen und manchmal auch mit schwierigen Entscheidungen in diesem Bereich konfrontiert wird. Das heißt aber ganz sicher nicht, dass man selbst von all dem betroffen ist. Viel häufiger kommt es vor, dass sich so etwas in der näheren Umgebung (es kann auch außerhalb der eigenen Familie sein) abspielt, oder dass darüber gesprochen wird und man beginnt, über solche Dinge nachzudenken. Bei Saturn durch 8 ist man sensibel für diese Themen.

Möglicherweise gerät man über all das sogar ins Grübeln, will vielleicht etwas darüber lesen oder Ähnliches.

Manchmal geht es auch um einen Sterbefall. Das 8. Haus konfrontiert uns mit unserer eigenen Sterblichkeit, und das ist für jemanden, der sein Leben an äußeren Dingen orientiert hat, eine beängstigende Zeit. Nicht selten beginnt jemand darüber nachzudenken, ob er ein Testament machen sollte. Dieser Transit kann uns aber, gerade durch die Konfrontation mit der Endlichkeit des Lebens, zum Nachdenken darüber anregen, was Leben und Tod wirklich bedeuten. Und plötzlich kann sich nachdrücklich die Überzeugung durchsetzen, dass man *leben* will und alles, was möglich ist, aus dem Leben herausholen möchte. So wird eine kreative Dynamik freigesetzt und wir erleben ein starkes gefühlsmäßiges Bedürfnis danach, auf dem Gebiet von Erleben, Erfahren und Fühlen wir selbst sein zu dürfen. So kann das Leben einen neuen Sinn erhalten, einen Sinn, den wir von unserem eigenen Inneren statt von irgendeiner Instanz oder von jemand anderem ableiten. Das Haus des Todes lässt uns intensiver leben!

Das 8. Haus kann uns aber noch viel mehr geben. Saturn durch 8 bringt möglicherweise zeitweilig depressive Gefühle oder auch das Gefühl, völlig lahm gelegt zu werden, mit sich. Die Frage von Saturn lautet längst nicht immer, was wir falsch gemacht haben; auch die Entscheidungen, die wir in unserem Leben nicht getroffen haben, müssen wir irgendwie verantworten. Hat man bestimmte Gaben und Talente nicht entwickelt, gibt er uns jetzt die Chance, sie doch noch aufzugreifen, und das gerade dadurch, dass er uns in unserem üblichen Tun lahm legt. Erinnern Sie sich daran, dass Sie sich, wenn Sie bei Saturn durch 8 wirklich nicht mehr weiterkommen, mit der Frage beschäftigen müssen, was Ihnen früher, ganz früher einmal Freude gemacht hat. Wenn man auf eine solche Aktivität als Hobby zurückgreift, kommt man nicht nur schnell wieder auf die Beine, sondern kann sogar zu einer ganz unerwarteten, positiven Wende in seinem Leben beitragen.

Natürlich bleibt Saturn immer Saturn. Also, auch hier wird er uns dazu zwingen, wirklich zu beweisen, dass wir dieses alte Hobby tatsächlich wollen. Ich kannte eine junge Frau, die als kleines Mädchen immer tanzen wollte, was ihre religiös-intellektuellen Eltern aber verboten. Sie absolvierte brav eine Ausbildung und ging arbeiten. Als aber Saturn in ihr 8. Haus lief, bekam sie Depressionen und litt unter Ängsten. Als sie sich gedanklich mit früher beschäftigte, fiel ihr ein, dass sie immer schon gerne getanzt hätte, und sie entschied sich, diesen Wunsch irgendwie wieder aufzugreifen. Gesagt, getan. Sie schleppte sich, gegen ihre depressiven Gefühle ankämpfend, zu einem Kursus in tänzerischem Ausdruck; sie wusste, dass sie es einfach tun musste. Und es funktionierte! Ihre Stimmung besserte sich und sie konnte sich bereits nach wenigen Stunden Unterricht völlig im Tanzen ausleben. Und ausgerechnet, als sie anfing sich besser zu fühlen, verstauchte sie sich den Fuß. Vorläufig konnte sie das Tanzen also vergessen. So als dürfte es einfach nicht sein. Bei Saturn in 8 bekommt man dann schnell das Gefühl, dass einem die Erfüllung seiner Wünsche doch nicht vergönnt ist. Glücklicherweise wusste sie aber, dass dies eine Prüfung Saturns war. Also verkniff sie sich dieses Gefühl und wartete geduldig ab, bis der Fuß geheilt war, um dann das Tanzen wieder aufzugreifen. Danach ging alles gut. Das hat ihr sehr dabei geholfen, wieder zu sich selbst zu finden. Aber es steckte noch mehr dahinter. Sie begann, ihren Körper zu fühlen und spürte, dass sie vor Bewegung eigentlich Angst hatte. Eine Folge ihrer Erziehung; sie hat lernen müssen, dass mehrere Teile ihres Körpers einfach tabu waren. Das Tanzen konfrontierte sie mit ihrer emotionalen Abwehr, mit der Tatsache, dass sie ihren Körper nicht akzeptierte, mit ihrer Vergangenheit und ihren Verdrängungen. Das Tanzen war daher auch der Anfang einer Psychotherapie, und so konnte sie mit Saturn durch das 8. Haus allmählich einen neuen Anfang machen.

Wenn man gerne liest, scheint man in dieser Periode auch viel öfter zu Büchern zu greifen, in denen es um Dinge geht, die nichts taugen oder die schief gehen. Eventuell sind das Bücher über psychische Probleme oder politische Enthüllungen, kurz gesagt, Bücher, an denen ein Stückchen Schatten klebt. Übrigens können einen diese Themen ab und zu ganz schön durcheinander bringen!

Der rote Faden durch die Wasser-Häuser

Bei Saturn durch das 4. Haus war es Zeit, sich aus der Abhängigkeit zu befreien. Wir mussten lernen, unsere Eltern als Menschen zu sehen, und anerkennen, dass sie ihr eigenes Leben und ihre eigenen Möglichkeiten und Schwierigkeiten haben. Die Stabilität, die man in dieser Periode erwerben konnte, bringt beim Saturntransit durch das 8. Haus die Chance mit sich, auf ruhigere Art mit den Emotionen und der Verarbeitung bestimmter Themen der Vergangenheit umzugehen, einschließlich der neuen Perspektive, die auftauchen kann. Mir fällt oft auf, dass bei Saturn durch 8 die Thematik im Zusammenhang mit Jugend und Eltern Aufmerksamkeit fordert; eine gute Zeit also, Bilanz zu ziehen.

Wenn man seine eigene emotionale Unabhängigkeit finden und den Mut aufbringen kann, sich die Botschaften dieser Periode anzuschauen, wird man sich unmerklich und unbewusst zu einer stabileren Persönlichkeit entwickeln. Und das wird uns im 12. Haus zugute kommen. Im Prinzip will uns Saturn durch 12 eine Fortsetzung der Verarbeitung von Problemen ermöglichen – jetzt auf einem so tiefen Niveau, dass sie nicht mehr wiederkehren. Wenn man noch vieles zu verarbeiten hat, das beim Transit von Saturn durch 8 liegengeblieben ist, kann das eine sehr unsichere und unklare Periode werden, in der man das Gefühl hat, dass da allerlei unterminierende Faktoren mitspielen.

Hat man sich im 8. Haus auf den Weg gemacht, um seinen

eigenen Schatten anzugehen und den der anderen zu begreifen, wird die relativierende Kraft des 12. Hauses uns nicht unterminieren können, sondern uns in Kontakt bringen mit universellen Werten und zu einem tiefen Vertrauen in das Leben führen.

Der rote Faden durch die fixen Häuser

Das vorherige Haus, das zum festen Kreuz gehört, ist das 5. Haus. Für ein gutes Funktionieren des 8. Hauses ist es sehr wichtig, im 5. Haus erkannt zu haben, dass man eine einzigartige Persönlichkeit besitzt und ein Recht darauf hat, hier zu sein. Selbstvertrauen und das Vermögen, dem Leben unbefangen und offen zu begegnen – denken Sie an das Kind in sich –, sind wichtige Voraussetzungen, um den Schattenseiten des Lebens im 8. Haus ins Auge zu blicken. Ja, jemand der sich wirklich akzeptiert (das ist nicht das gleiche wie schönreden) und weiß, was er will, wird leichter mit Kritik umgehen können und sich auch trauen, ehrlicher den eigenen Schatten anzugehen. Er muss sich selbst gegenüber keine Maske aufsetzen, denn er spielt nicht Verstecken mit sich.

Das 11. Haus ist ein Haus, in dem wir mit Menschen umgehen, die auf unserer Wellenlänge sind. Das sind Kameraden und Freunde, mit denen wir verbunden sind und mit denen wir wichtige Werte teilen. Und doch sind diese Menschen in gewisser Hinsicht auch immer anders als wir selbst. Stand man sich selbst im 5. Haus zwanghaft gegenüber und hat man aufgrund dessen bei Saturns Lauf durch 8 eine Reihe von Problemen verleugnet oder auf andere projiziert, ist man auch nicht in der Lage, andere in ihrer Würde zu respektieren. Dann wird uns Saturn durch das 11. Haus mit den Folgen der Bedingungen konfrontieren, die wir an unsere Freunde stellen, sowie mit der Abhängigkeit, in der man sich auf irgendeine Art befindet. Saturn kann negative Schattenprojektionen mit sich bringen und ein fürchterliches Großreinemachen in die Wege leiten.

In positiver Hinsicht sorgt Saturn durch das 11. Haus möglicherweise für eine enorme Vertiefung von bestehenden Freundschaften und lässt uns spüren, wie wichtig eine ernsthafte, reine, direkte und aufrichtige Freundschaft ist. Man ist in der Lage, neue Freunde zu finden, die diese Qualitäten besitzen und man schließt vielleicht Freundschaften fürs Leben. Die Beziehung zu anderen ist ausgewogen, weil man selbst ausgeglichen ist.

Das Oppositions-Haus

Wenn wir uns emotional nicht wohl fühlen, kann eine Reaktion darauf im 2. Haus so aussehen, dass wir zu viel essen oder in einen Kaufrausch verfallen. Mit anderen Worten: Wir klammern uns an Materie oder lassen uns von ihr gefangen nehmen, anstatt uns von unseren Emotionen leiten zu lassen. Das Problem ist aber, dass, egal was wir aus dieser gefühlsmäßigen Frustration heraus auch kaufen, es nicht genügen wird, weil es die Ursache nicht ausräumt.

Ein Künstler wird, wenn es um den materiellen Ausdruck und das Arbeitsmaterial im 2. Haus geht, eine dunklere oder extremere Auswahl treffen, um sich auszudrücken.

Ein ganz logischer Zusammenhang ist die finanzielle Beziehung, die beide Häuser miteinander unterhalten. Nicht selten gehen Menschen mit Saturn durch das 8. Haus schwere finanzielle Verpflichtungen ein – einen Kredit, eine Hypothek oder andere Schulden –, was bedeutet, im 2. Haus weniger zu besitzen. Die Warnung, die hier vorliegt, ist, dass eine mögliche Konfrontation mit Problemen im 8. Haus eine Steuerprüfung sein kann (oder schlimmer noch, eine Razzia des Finanzamtes). Wenn man in den vorhergehenden Jahren geschummelt hat und anscheinend Erfolg damit hatte, bekommt man das jetzt aufs Butterbrot geschmiert. Saturn durch 8 bringt eine Auseinandersetzung mit unserer (Un-)Ehrlichkeit in diesem Bereich mit sich. Selbst Menschen, die vollkommen ehrlich mit ihren Steuern waren, können während des Transits von Saturn durch das 8. Haus eine Konfrontation mit dem Fiskus erleben. Das verläuft nicht immer unkompliziert, aber für gewöhnlich gewinnen sie den Streit, weil sie sich nichts zuschulden kommen ließen. Saturn kann sich hier aber auch von einer schlimmeren Seite zeigen, was logischerweise die Reaktion im 2. Haus ziemlich stark ausfallen lässt: Unsicherheit über die zu leistende Zahlung, über die folgenden Steuerveranlagungen, darüber ob man Recht bekommt oder nicht etc.

Der Einfluss auf das folgende Haus

Wenn Saturn vom 7. ins 8. Haus läuft, stellt sich häufig heraus, dass es jetzt nicht mehr gelingt, eine Beziehung aufrechtzuerhalten, die bis dahin auf Versteckspielen basierte; man schafft es emotional einfach nicht mehr. Mehr und mehr nimmt man Abstand, wird sensibler für die Schattenseiten des anderen und ist empfänglicher für Negativität.

Hat man aber die Periode von Saturn durch 8 genutzt, um an seinen Schatten und Projektionen zu arbeiten, kann dieser Transit uns dabei helfen, ein viel realistischeres Bild von sich und anderen aufzubauen. Dann gelingt es uns, bei Saturn durch das 9. Haus auch viel bessere Entscheidungen zu treffen und sich neue Ziele zu setzen – Ziele, die nicht länger durch unerreichbare Ideale gefärbt sind, sondern vielmehr über eine stabile Basis verfügen, weil sich im Unbewussten ein Prozess abgespielt hat, aufgrund dessen wir viel bewusster und realistischer im Leben stehen.

Die Verarbeitung von Ängsten und Problemen im 8. Haus kann uns den Mut verleihen, im 9. Haus auch neue Ideale und Visionen zu formulieren und uns Ziele zu stecken, die tatsächlich zu unserer Persönlichkeit gehören.

Saturn durch das 9. Haus

Wie sicher stehen Sie auf Ihren eigenen Füßen, wenn es um Ihre Meinung und Ihre Sicht der Dinge geht? Sind Sie in der Lage, sich Ziele für die Zukunft zu setzen, oder glauben Sie, dass doch alles keinen Sinn hat? Das sind einige der Themen, die bei Saturn durch das 9. Haus nach Aufmerksamkeit verlangen.

Das 9. Haus ist im Grunde genommen das Haus, in dem wir unsere Meinung bilden, unsere eigene Betrachtungsweise aufgrund unseres Abwägens von Fakten beurteilen, ebenso wie wir die Fakten und Erscheinungen in unserer Umgebung zu einer Synthese bringen. Dabei spielt es keine Rolle, ob es um ein Universitätsstudium geht, ein Forschungsprojekt, die Einschätzung von Mensch und Gesellschaft oder ganz einfach um die Art, wie wir die Dinge in unserer eigenen Nachbarschaft, unserem Dorf oder unserer Stadt beurteilen und interpretieren. Mit anderen Worten: Es geht nicht so sehr um das Thema und dessen Größenordnung, sondern vor allem um die Tatsache, dass wir die Dinge in einem Zusammenhang sehen.

Saturn stellt jetzt unsere Betrachtungsweise auf den Prüfstand. Sehen wir die Dinge wirklich richtig? Haben wir vielleicht wichtige Fakten übersehen? Sind wir in der Lage, unsere Betrachtungsweise sehr schnell anzupassen, wenn plötzlich neue – manchmal auch schwierige oder problematische – Einsichten in den Vordergrund treten? Wie wichtig ist unsere eigene Sicht für uns selbst? Halten wir uns aus Unsicherheit an einer bestimmten Betrachtungsweise fest oder können wir flexibel mit Tatsachen umgehen? Das sind einige der Punkte, die Saturn jetzt testen wird. Darum kann Saturn durch das 9. Haus auch so häufig mit Meinungsverschiedenheiten einhergehen. Dabei geht es längst nicht immer darum, wer im Recht ist. Man kann tatsächlich auch mit allem richtig liegen, jedoch jemandem begegnen, der sich uns laut und deutlich komplexgesteuert widersetzt, wodurch man selbst dann in die Defensive gerät. Hierbei geht es nicht darum, ob man im Recht ist, sondern wie man mit solchen Konfrontationen umgeht. Eins ist sicher: Wenn man um jeden Preis Recht behalten will und sogar vor Guerillataktiken nicht zurückschreckt, wird man klein beigeben müssen. Saturn ist der Planet der Geduld und des Abwartens, der Ruhe, Selbstbeherrschung und Effizienz – und er ist der Planet der Einsamkeit. Ein guter Rat lautet hier also: Bleiben Sie sich und Ihrer Meinung treu, seien Sie bereit, die Dinge zu überprüfen und Ihre Meinung eventuell anzupassen, zetteln Sie keinen Krieg an und erklären Sie ganz beherrscht und ruhig Ihre eigenen Standpunkte. Es kann zwar einige Jahre dauern, aber letztlich wird diese Vorgehensweise Früchte tragen. Wenn die andere Partei offenkundige Lügen verbreitet, sollten Sie sich daran erinnern, dass »Lügen kurze Beine haben«. Auch wenn Saturn die Wahrheit niemals mit Vollgas an die Oberfläche katapultiert, wird sie letztendlich doch sichtbar werden.

Meinungsverschiedenheiten und unterschiedliche Betrachtungsweisen werden für jeden, dem bislang selbstverständlich beigepflichtet oder geglaubt wurde, unbequem sein. Ob es nun um den Verfasser eines Parteiprogramms oder um einen Lehrer geht: Jetzt werden schwierige Fragen gestellt, jetzt muss man Dinge in Betracht ziehen, die unsere Vorstellungen stören. Allerdings können uns eine ganze Reihe dieser Probleme zu erkennen helfen, in welchem Ausmaß unsere eigene Sichtweise zu sehr gefärbt, zu einseitig oder zu wenig untermauert war. Aufgrund dieser Erfahrungen wird man in die Lage versetzt, eine stabilere und ausgewogenere Betrachtungsweise zu entwickeln. Man kann natürlich auch ins Projizieren verfallen, indem man diejenigen, die unangenehme Fragen stellen, als Menschen einstuft, die einen lediglich unterminieren wollen. Streit und Einsamkeit werden die Folgen sein.

Viele Menschen, die eine (höhere) Ausbildung oder ein Studium absolvieren, bekommen es in dieser Periode, bei Saturns Lauf durch das 9. Haus, oft mit Zweifeln und Unsicherheit zu tun. Studiert man wirklich das Richtige? Was sind die Folgen dieses Studiums? Steht man voll dahinter? Ein Beispiel, das ich erlebt habe, war ein Ökonomiestudent, der bereits ziemlich weit mit seinem Studium war. Plötzlich erkannte er, dass er zwar ein guter Ökonom werden könnte, sich aber eigentlich niemals gefragt hatte, ob die Sichtweisen der westlichen Gesellschaft und die Vorgehensweisen, denen er in seinem Studium begegnete, wirklich gut waren. Dadurch geriet er in einen inneren Konflikt und kam mit seinem Studium nicht mehr voran. Da er gut lernen konnte, beschloss er, das Examen trotzdem zu machen, für den Fall, dass sich doch noch eine Lösung seiner Probleme ergeben würde. Er bekam gute Noten, aber seine Zweifel blieben. Es war auch nicht möglich, darüber zu sprechen; in dieser Periode schien niemand wirklich an seinen Fragen und Zweifeln interessiert zu sein. Letztlich schloss er sein Studium mit Diplom ab. Saturn lief immer noch durch sein 9. Haus. Er war froh und gleichzeitig auch nicht: Er freute sich, dass er sein Studium erfolgreich abgeschlossen hatte und sein jahrelanges Lernen belohnt worden war, und er war nicht froh, weil er innerlich den Erwartungen nicht entsprechen konnte, die jetzt an ihn gestellt wurden. Als Saturn in sein 10. Haus lief, kam die Antwort von ganz alleine. Er ging ins Ausland, um zu erforschen, wie er mit seinem Wissen Ländern der Dritten Welt helfen könne, deren schwankende und wachsende Ökonomie zu verbessern.

Beim Saturntransit durch das 9. Haus erleben wir häufig den Abschluss eines Studiums, aber dann sorgt Saturn auch dafür, dass »die Länge die Last trägt«. Es gibt Menschen, die bei diesem Transit mit einem Studium aufhören oder eine ganz andere

Richtung einschlagen. Es ist sehr wichtig zu wissen, *warum* man eine andere Richtung anstrebt. Denn mit einem neuen Weg wird es nicht einfacher werden, solange Saturn durch das 9. Haus läuft. Ich habe Menschen erlebt, die bei Saturn durch 9 allmählich dahinterkamen, dass sie ein Studium absolviert hatten, das auf dem Willen der Eltern basierte und nicht etwas war, an dem sie selbst Freude gehabt hatten. Einige fanden erst jetzt heraus, was ihnen wirklich entsprach. Ein Studienwechsel, um seinen eigenen Werten näher zu kommen, ist bei Saturn durch das 9. Haus wirklich eine hervorragende Sache. Eine Veränderung aus einer vagen Unzufriedenheit heraus oder nur um sich von etwas abzugrenzen, wird allerdings nicht allzu viel Gutes mit sich bringen. Mit Saturn durch 9 kann man auch leicht in eine negative Projektion den Menschen gegenüber geraten, die das Sagen in der Gesellschaft haben und deren Meinung zählt. Um seine Unsicherheit zu überspielen, kann man mit Saturn gegen gängige Strömungen, gesellschaftliche Standpunkte und Ähnliches Widerstand leisten. Damit vertreten wir aber keine innerlich gereifte eigene Sichtweise, sondern eine, die auf Querköpfigkeit und Widerstand beruht. Mit dieser Einstellung kann man auch in die Politik gehen oder auf andere Weise gesellschaftlich aktiv werden und sich entsprechende Probleme an den Hals hängen oder aber selbst welche verursachen.

Bei all dem ist die Kernfrage, ob die Betrachtungsweise, die man vertritt, von innen kommt, oder ob sie einem eingeredet wurde oder möglicherweise einer Verdrängung entspringt. Hat man sich während des Transits von Saturn durch das vorherige Feuer-Haus – das 5. Haus – selbst finden können und Selbstvertrauen gewonnen oder sich weiterentwickelt, ist jetzt die Kraft, für seine eigenen Ideen geradezustehen, ohne dabei andere zu verreißen oder niederzumachen, viel größer, als wenn man im 5. Haus nur eine Rolle gespielt und sich hinter einer Maske versteckt hat. In diesem Fall ist man wesentlich empfänglicher für Anerkennung von außen und die Neigung, die Meinung anderer zu verkünden oder eine Meinung zu vertreten, mit der man andere mitreißen will. Dann geht es nicht mehr so sehr um den Inhalt, sondern eher darum, dass man mit seinen Äußerungen positive oder negative Aufmerksamkeit erhält.

Das 9. Haus als Vertreter der Themen Weite, Ausdehnung und Ausland kann bei einem zeitlich begrenzten Saturntransit auf eben diesen Gebieten Verzögerungen und Rückschläge mit sich bringen. Das kann an allerlei Fronten passieren, von einem enttäuschenden Urlaub bis hin zu einer Geschäftsreise, die viel schwieriger verläuft als erwartet, oder aber Aufträge aus dem Ausland lassen nach oder versiegen ganz und Ähnliches. In einigen Fällen habe ich erlebt, dass sich wie aus dem Nichts eine Reisephobie breitmachte. Das Verreisen in der eigenen, bekannten Umgebung (ein 3. Haus-Thema) brauchte kein Problem zu sein, die panische Angst setzte ein, wenn es um lange oder schnelle Reisen ging, beispielsweise Flugreisen. Bei Saturn im 9. Haus ist es wichtig, diese Phobie als Symbol einer falschen Energieverteilung im Unbewussten zu erkennen sowie als Zeichen für die Notwendigkeit, das Ruder nicht mehr im Außen umzukehren – sondern einen anderen Weg im Leben zu finden.

Ich bin auch regelmäßig Menschen begegnet, die ausgerechnet beim Saturntransit durch das 9. Haus anfingen, das Ausland zu idealisieren. Das scheint widersprüchlich zu klingen, aber der wirkliche Grund für diese Idealisierung war nicht so sehr das Ausland an sich, sondern das Gefühl, im eigenen Land in der Klemme zu sitzen. Oder man kam emotional durch allerlei Verwicklungen nicht mehr zurecht, so dass eine unbestimmte Sehnsucht nach einem Neuanfang wach wurde. Natürlich ging das nicht in dem Land, in dem man mit Schwierigkeiten konfrontiert wurde, also wurde das Ausland zum Symbol dieser Sehnsucht nach einem Neuanfang. Bei den Vorbereitungen (manch einer ging tatsächlich weg) mussten allerlei Rückschläge überwunden werden und die Dinge verliefen sehr zäh. Das Ausland erwies sich letztlich als Enttäuschung und mehrfach kam mir zu Ohren, dass der Betroffene dort in die gleiche Situation geriet, deretwegen er sein Vaterland verlassen hatte. Auch

Menschen, die Probleme in ihrem Privatleben haben, hoffen bei Saturns Lauf durch das 9. Haus manchmal, dass häufiger Urlaub zu machen wie von selbst Entspannung bringen und damit gleichzeitig zu einer Verbesserung der Lage führen könnte. Oft geben sie dann sehr viel Geld aus, um letztendlich dahinterzukommen, dass es nicht funktioniert, dass sogar manch eine Reise obendrein eher enttäuschend ausfiel und selbst zur Ursache für Spannungen wurde!

Im 9. Haus setzen wir uns Ziele für die Zukunft, wir bauen auf der Vision des Ziels auf, das wir gerne erreichen möchten, welche Wege wir gehen wollen und was wir für uns selbst als sinnvoll erachten. Oft stellt Saturn uns hier in irgendeiner Form auf die Prüfung, um zu testen, ob wir unsere Ziele tatsächlich erreichen wollen. In den Dingen, die wir im Kleinen tun und auch im Großen, erfahren wir einen *Sinn* im Leben, nach dem wir auch unsere Zukunft ausrichten – nicht nur in geschäftlicher Hinsicht, sondern als ganzer Mensch, einschließlich unseres Berufs, unserer Liebhabereien, unserer Partner und so weiter. Man kann sich gut vorstellen, dass, wenn man vor vielen Jahren, beim Saturntransit durch das 5. Haus schon nicht wusste, was man wollte, man auch jetzt keinerlei Basis für ein gutes, innerlich zusammenhängendes Zukunftsbild vor Augen hat. Dieses Bild wird vielmehr durch die Außenwelt bestimmt. Und da das Alltagsleben immer mit düsteren und krisenhaften Dingen durchsetzt ist, wird uns das in der Zeit, in der Saturn durch das 9. Haus läuft, unablässig auf pessimistische Weise beeinflussen. Unsere Sichtweise kann sich jetzt leicht verengen und unser Blickfeld wird dunkel, ohne Hoffnung und ohne Erwartungen. Das ist der Grund dafür, weshalb man auch mit Saturn durch 9 unter einer depressiven Stimmung leiden kann. Viele glauben, dass das vorbei ist, wenn Saturn das 8. Haus verlassen hat, aber der Trübsinn in 8 war von anderer Art. Hier geriet man aufgrund innerer Probleme und der Begegnung mit dem eigenen Schatten in diese Stimmung, während es im 9. Haus viel mehr um ein Gefühl von (völliger) Sinnlosigkeit geht und dem Empfinden, dass sowieso nichts mehr zu ändern ist. Es kann schon ein deprimierender Gedanke sein, dass man als Mensch nur ein unbedeutendes Teilchen des Ganzen ist, das ohne weiteres ersetzt werden kann. Wie anders ist das für jemanden, der im 5. Haus in einen tieferen Kontakt mit seinem Selbstwertgefühl gekommen ist! Er wird mit Saturn durch das 9. Haus erkennen, dass jeder Mensch nicht nur einzigartig ist, sondern sein eigenes, unentbehrliches Stückchen zur Evolution des Kosmos beiträgt. Dieser Mensch wird dann auch in ethischer und moralischer Hinsicht Verantwortung übernehmen, weil er den Sinn von innen heraus fühlt.

Angelegenheiten, die mit Moral und Ethik zu tun haben, gehören zum 9. Haus, ebenso die Rechtsprechung. Bei Saturn durch 9 kann auch mit dem abgerechnet werden, was man in der Vergangenheit in diesen Bereichen gesät hat. Wenn man in dieser Periode eine Gerichtssache ausfechten muss, sollte man sehr vorsichtig sein, denn die Wahrscheinlichkeit, dass mehr »Dunkles« nach oben befördert wird, als man im Blick hat, ist jetzt größer als sonst. Man ist auch selbst anfälliger dafür, gerichtlich angeklagt zu werden. Sollte das der Fall sein, kann Saturn aus dieser Geschichte eine schleppende Angelegenheit machen. Denken Sie nur an die Anklage der Vereinigten Staaten gegen Bill Gates und Microsoft, die begann, als Saturn durch Bill Gates' 9. Haus lief. Die Frage bezüglich der Monopolstellung von Microsoft wies Züge ungesetzlicher Expansion und moralisch verwerflichen Verhaltens auf. Saturn durch 9 kann der Anfang der Entwirrung eines Knäuels von Informationen sein. Auch eine nicht-juristische Untersuchung unseres Handels und Wandels kann bei Saturn durch 9 stattfinden, außer wenn es um finanzielle Angelegenheiten und große Geldbetrügereien geht. Die werden schon beim Saturntransit durch das 8. Haus aufgegriffen.

Viele Menschen, die die Botschaft von Saturns Transit durch die Häuser verstanden und aufgegriffen haben, konnten bei Saturn durch 9 einen tiefen Sinn des Lebens erfahren, auf eine

Weise, die manchmal ans Religiöse grenzt, obwohl sie auch in diesem Haus einigem die Stirn bieten mussten. Alte, unwirkliche Ideale schmolzen wie Schnee in der Sonne, und erreichbare, neue Ideale nahmen Form an und wurden begeistert und mit Schwung aufgegriffen. Bezogenheit auf das Leben und, tief von innen her, dieses Gefühl großer Liebe und Wärme, mit der irgendetwas getan werden musste, gingen bei diesen Menschen Hand in Hand mit einer schlichteren Lebenshaltung und mit aufrichtiger Bescheidenheit. Eine solche stille, anregende Wärme habe ich oft bei Saturn durch das 9. Haus erlebt – Wärme von einem Planeten, der immer als frostig geschildert wird.

Der rote Faden durch die Feuer-Häuser

Oben Stehendem können wir entnehmen, wie wichtig die Entdeckung unseres Selbstwertgefühls ist, wenn Saturn durch das 5. Haus, das vorherige Feuer-Haus, läuft: sich selbst eine Form geben, zu der man auch steht und zu erkennen, was man wirklich will und was wirklich zu einem selbst gehört. Es geht um den Mut zu genießen und sich zu trauen, einfach da zu sein. Das sind kraftvolle Ausgangspunkte, um mit Saturns Lauf durch das 9. Haus beherzt seine eigene Meinung beizubehalten, seine eigene Vision auszubauen, unabhängig davon, was andere meinen oder denken, sowie seine Meinung flexibel anpassen zu können, falls das vonnöten sein sollte. Jemand, der sich in sich selbst zu Hause fühlt, ist auch viel weniger verletzbar und wird deshalb anderen besser zuhören können. Wenn man beim Saturntransit durch das 5. Haus lernt, wie es ist, bei sich selbst zu bleiben, wird man auch im weiteren Verlauf weniger in Gefahr sein, ein falsches Studium zu wählen. Die Folge ist, dass man bei Saturn durch 9 auch keinen Grund zum Zweifeln hat. Mehr noch, es kann sogar sein, dass man bei Saturn durch das 9. Haus mehr Verantwortung bekommt (auch Saturn), seine Vision und seine Meinung zu verbreiten sowie anderen zu verdeutlichen. Natürlich birgt das auch das Überwinden von Hindernissen, doch wird es sich erweisen, dass es der Mühe wert ist.

Ein Beispiel aus meinem eigenen Leben: Als Saturn in mein 9. Haus eingetreten war, sagte mir mein damaliger Verleger, dass immer öfter Anfragen aus verschiedenen Ländern kämen, ob ich dort Vorträge halten könne. Als Mutter von Kleinkindern hielt ich meine Vorträge in Teilen Europas, zu denen ich meine Kinder so oft wie möglich mitnehmen konnte. Aber weitere Entfernungen? Daran hatte ich noch nie gedacht. Ich vergesse niemals diesen einen Satz, den mein Verleger noch hinzufügte: »Denk daran, jetzt wo deine Bücher übersetzt sind, hast du auch die Verpflichtung, den Bitten um Vorträge nachzukommen; du musst Verantwortung übernehmen.« Zwei saturnische Begriffe: Verpflichtung und Verantwortung, und das gegenüber dem Ausland. Also genau Saturns Thema bei seinem Transit durch das 9. Haus. Ich wusste, dass ich dem entsprechen musste, aber ich spürte gleichzeitig eine Riesenangst. Ich hielt bereits Vorträge auf Deutsch, die mein Mann mir übersetzen half. Das nahm immer sehr viel Zeit in Anspruch. Und jetzt sollten es noch mehr Vorträge werden, auch auf Englisch. Ich hatte Angst, nicht in der Lage zu sein, mich in anderen Sprachen gut ausdrücken zu können, das kostete mich schlaflose Nächte. Letztlich habe ich den Schritt gewagt. Und ich bin froh, dass ich es getan habe! Es hat noch sehr lange gedauert, bis ich in dieser Hinsicht Vertrauen zu mir selbst fand, aber jetzt genieße ich Auslandskongresse in vollen Zügen. Während ich das schreibe, läuft Saturn durch mein 1. Haus. Ich habe keinerlei Angst mehr, mich auf diesen Kongressen frei zu bewegen, auch wenn ich weiß, dass ich als Ausländerin niemals die Ausdrucksfähigkeiten eines Muttersprachlers erreichen werde. Aber das muss auch nicht sein. Saturn hat mich gelehrt, zufrieden mit dem zu sein, was ich habe, und das sind nun einmal meine natürlichen Grenzen.

Wenn man sich mit Saturn durch das 9. Haus Ziele für seine Zukunft zu setzen weiß, seine Ideale und das Vertrauen zum Leben behält, wird man sich mit Saturn durch das folgende

Feuer-Haus – das 1. Haus – einfach wohl fühlen, trotz der neuen Aufgaben, die Saturn uns hier präsentiert. Diese Aufgaben werden uns nicht mehr aus dem Feld schlagen.

Der rote Faden durch die beweglichen Häuser

Das vorherige bewegliche Haus war das 6. Haus. Bei Saturn durch ein bewegliches Haus geht es immer um die Überprüfung unserer Flexibilität. Wie sehr haben wir uns bei Saturn durch 6 durch allerlei Alltagskram aus dem Rhythmus bringen lassen? Haben wir immer versucht, uns dem anzupassen, was sich gehörte, oder haben wir in konkreter und praktischer Hinsicht und in Bezug auf das, was wir unterlassen haben, eigene Entscheidungen getroffen? Diese Erfahrungen bilden nun tatsächlich die Grundlage für Saturns Lauf durch das 9. Haus. Wieder sind da allerlei Dinge, die uns von unserem eigenen Weg ablenken können: Meinungen und Beurteilungen, die unserer Vision widersprechen; Zweifel an unseren Ideen und Idealen; neue Untersuchungen und Fakten, die zu einer Kursänderung führen oder Untersuchungen, die gegen uns laufen und viel Energie von dem abziehen, womit wir uns eigentlich beschäftigen wollten. Hier geht es meistens um äußere Ablenkungen, aber auch innere Ablenkungen sind möglich – beispielsweise immer wieder neu aufkeimende Ideen und Ideale, Gedanken und Ziele, für die man sich aber nie genügend Zeit nimmt, um ihnen wirklich Gestalt zu verleihen. Können wir in dieser Zeit die innere und äußere Unruhe meistern? Falls nicht, werden wir keinen guten Ausgangspunkt für Saturns Lauf durch das 12. Haus haben, wenn wieder ein Sturm in uns losbricht, und das im Bereich innerer Bilder und Emotionen. Wenn wir jetzt eine klare Linie und einen Ausgangspunkt zu finden oder zu halten wissen, werden wir auch viel eher in der Lage sein, uns den Bewegungen unseres Unbewussten in Form auftauchender Bilder und Symbole zu stellen und sie eventuell selbst zu deuten.

Das Oppositions-Haus

Das 9. und das 3. Haus haben viel mit Information und Fakten zu tun. Die Essenz des 9. Hauses besteht darin, Tatsachen in eine Perspektive zu bringen und Zusammenhänge herzustellen. Es dürfte deutlich sein, dass wir, wenn im 9. Haus Probleme auf diesem Gebiet auftauchen, im 3. Haus nach ergänzenden und neuen Fakten suchen müssen. Die Probleme im 9. Haus können uns zwingen, neue Fakten zu finden, auf deren Basis man mit Menschen sprechen und nach neuen Eindrücken Ausschau halten kann. All das kann eine Menge mentaler Unruhe mit sich bringen, eine unangenehme Eigenschaft des 3. Hauses.

Meinungsverschiedenheiten im 9. Haus können auch leicht zu Uneinigkeit im 3. Haus führen. In diesem Haus geht es ja um Informationsaustausch und es spielt immer mit, wenn es um Gespräche und Kommunikation geht.

Der Einfluss auf das folgende Haus

Wie können wir unserer gesellschaftlichen Position weiterhin Gestalt verleihen, wenn wir nicht wissen, was wir wollen, uns keine Ziele setzen können oder am Sinn der Dinge zweifeln? Saturns Lauf durch 9 wirft seinen Schatten auf das 10. Haus deutlich voraus! Wenn man im 9. Haus auf klare und bescheidene Weise erkennt, was man will, kann man gerade mit Saturn durch 10 beschließen, hart zu arbeiten, um die neuen Ziele auch zu erreichen, so dass man letztlich in der Außenwelt wirklich davon profitieren kann. In negativer Hinsicht kann uns Saturn durch das 10. Haus demotivieren, Stress mit sich bringen und uns im äußersten Fall sogar krank oder arbeitsunfähig machen; im positiven Sinn kann er eine Periode harter Arbeit, schwieriger Entscheidungen, aber auch einer starken Motivation bedeuten, in der man sogar einen Aufstieg erlebt und etwas für seine fernere Zukunft aufbaut.

Falls bei Saturn durch 9 eine Untersuchung (juristischer Natur oder nicht) gegen uns anläuft, werden die Ergebnisse bei Saturns Lauf durch 10 immense Auswirkungen haben. Wenn man nicht gesetzestreu war und sich unmoralisch verhalten hat, kommt das jetzt auf den Tisch; war die Sache bereits bekannt, hat sie jetzt Konsequenzen. Mit Saturn durch 10 können wir dem entsprechenden Wirbel um unsere Person dann nicht mehr entkommen.

Saturn durch 10 kann allerdings eine Periode wichtigen Aufbaus sein, wenn er uns in 9 zu unseren Zielen geführt hat.

Saturn durch das 10. Haus

Welche Identität präsentieren Sie der Welt? Welches Bild soll die Gesellschaft von Ihnen haben? Wie ist es um Ihre Reputation bestellt? Das sind kennzeichnende Fragen für das 10. Haus, in welchem wir unsere Identität abgrenzen und uns der Gesellschaft präsentieren. Auch wenn wir keine berufliche Tätigkeit ausüben, spielt das 10. Haus eine Rolle. Es unterhält nämlich eine Verbindung zu unserer psychischen Identität. Was glauben wir zu können? Wer glauben wir zu sein?

Bei Saturn durch das 10. Haus erleben wir, dass es Menschen, die selbständig arbeiten (die eine eigene Firma besitzen oder beispielsweise *Freiberufler* sind), für gewöhnlich etwas weniger gut geht. Für Firmen kann das bedeuten, dass Produkte nicht mehr zeitgemäß sind und einer Veränderung bedürfen, dass die Leitung nicht mehr optimal funktioniert oder Planung und interne Kommunikation zu schwerfällig verlaufen. Oftmals geht es um einen Rückgang im Betrieb, allerdings ist das nicht immer der Fall. Eine Verschlechterung zwingt uns, unsere Arbeitsweise und unsere Präsentation zu revidieren und uns die Frage zu stellen, ob die Art, wie man funktioniert, noch mit dem übereinstimmt, was verlangt wird. Einfach härter an seinem eingeschlagenen Weg zu basteln, klappt nicht immer, und das kann Saturn uns häufig mit bitterem Humor klar machen. Dergleichen habe ich bei einem Klienten erlebt, der den Rückgang seines Kundenstammes damit vom Tisch wischen wollte, dass er betonte, in unserer Zeit müsse eben mit viel mehr Werbung gearbeitet werden. Folglich gab er eine Anzeige in einer entsprechenden Zeitung auf. Aufgrund eines Fehlers beim Druck wurde seine Anzeige völlig schwarz abgebildet! Es ist als wollte Saturn damit sagen: *Schau, das ist nicht das, worum es geht. Wenn du nicht genügend Kunden hast, ist die Wahrscheinlichkeit groß, dass du etwas Fundamentales an deiner Vorgehensweise, deiner Arbeitsweise oder in deinem Wissen verändern musst.* Einfach zu annoncieren, hilft hier nicht weiter.

Aber Saturn kann auch ein Zuviel mit sich bringen – er liebt Extreme. Es gab Betriebe, die bankrott gingen, weil sie die enorme Auftragsmenge nicht mehr bewältigen konnten, nicht an entsprechend qualifiziertes Personal kommen konnten und den gesamten Prozess nicht mehr im Griff hatten. Auch das ist typisch für Saturn. Auf irgendeine Art und Weise stellt er im 10. Haus den organisatorischen Ablauf an den Pranger. Im 6. Haus ging es vor allem um die Ausführung von Details und um die Arbeitsbedingungen. Im 10. Haus geht es um die Übersicht, die Machtverhältnisse, die konkrete Verwaltung und die Organisation – wenn es um eine Firma oder um den Besitzer eines Betriebes geht.

Wir sahen bereits beim 6. Haus, dass man durch eine bestimmte Art zu arbeiten, vor allem wenn man mit Saturn arbeitet, im 10. Haus eine Belohnung erhalten kann. Ich habe natürlich auch erlebt, dass Menschen beim Saturntransit durch das 10. Haus entlassen wurden, aber eben auch sehr viele, die einen Aufstieg erlebten oder in eine höhere Position aufstiegen. Im letzten Fall wurde eine Verbesserung der Position häufig sehr stark herbeigesehnt; nicht selten hatten diese Menschen lange Ausschau danach gehalten. Saturn sorgte allerdings für eine paradoxe Entwicklung: einerseits kam die Belohnung, und die Freude war natürlich groß, andererseits wurde der Arbeitsdruck oder die Verantwortung dermaßen groß, dass die Betroffenen kaum noch Raum für sich selbst fanden und häufig genug an der Entscheidung zweifelten, die sie getroffen hatten. Und das ist genau die Frage, die Saturn uns hier stellt: »Du hast eine

Entscheidung getroffen, aber warum? Was ist der Grund dafür, dass du nach oben wolltest? Ehrgeiz und Ambitionen? Hunger nach Macht? Oder liegt dir die Arbeit und hast du an sich Freude daran?« Nur im letztgenannten Fall ist man in der Lage, auf kreative Weise mit entstehenden Problemen umzugehen und nur dann kann man auch schmerzliche Entscheidungen treffen.

Ich habe Firmenchefs erlebt, die damit konfrontiert wurden, dass ihre Firma durch eine Affäre in einen schlechten Ruf geriet, und diese Probleme wirkten sich auch in ihrem Privatleben aus; sogar ihre Kinder wurden in der Schule darauf angesprochen. Ist das ein Preis, den man zu zahlen bereit ist? Oder aber Manager, bei denen direkt nach ihrem Aufstieg Saturn ins 10. Haus lief bzw. die diese Position erhielten, als Saturn bereits in ihrem 10. Haus stand, erlebten plötzlich aufgrund internationaler ökonomischer Probleme eingreifende Veränderungen des Marktes. Anstatt sich auf einen reibungslosen Fortgang der Produktion einstellen zu können, standen sie plötzlich vor vollendeten Tatsachen: entweder die Organisation zu drosseln oder unterzugehen. Unpopuläre Maßnahmen zu ergreifen ist eine der Schattenseiten von Saturn durch das 10. Haus.

Wenn man in der Vergangenheit mit Tricks gearbeitet hat, um an die Spitze zu gelangen oder einen speziellen Arbeitsplatz zu bekommen, oder sogar bereit war, »über Leichen zu gehen«, muss man mit Saturn durch 10 aufpassen, dass man nicht demaskiert wird. Die Schattenseiten können jetzt leicht ans Licht kommen; alte Feinde, mit denen man es möglicherweise zu tun bekommt, können plötzlich ebenfalls in wichtige Positionen aufgestiegen sein. Außerdem können sich Situationen ergeben, in denen andere uns übervorteilen wollen. Saturn kann den Ruf derjenigen, die etwas zu verbergen haben, deutlich schädigen und sogar ruinieren. Möglicherweise werden Artikel in Zeitungen und Zeitschriften über uns erscheinen und sogar Bücher können über uns publiziert werden. Man zieht leichter Journalisten an, die sich an unserer Person festbeißen und etwas aufdecken möchten. Sogar historische Persönlichkeiten, die schon vor sehr langer Zeit gestorben sind, können bei Saturns Lauf durch das 10. Haus ihres Horoskops (und manchmal auch beim Saturntransit durch das 1. Haus, also den beiden Ausgängen des Horoskops) Gegenstand von Enthüllungen werden, die ihnen posthum eine Blöße geben!

Andererseits werden Menschen, die aus einer klaren und ehrlichen Einstellung heraus gelebt haben, wenig befürchten müssen. Saturn wird ihnen jetzt zwar auch das eine oder andere Problem bescheren, aber vor so etwas wie einer Demaskierung brauchen sie keine Angst zu haben. Einige Male habe ich erlebt, dass diese Menschen scheinbar zufällig durch ihr Wissen und ihre Erfahrung eine Rolle bei der Demaskierung anderer spielten, und auf diese Weise doch an gesellschaftlichen Prozessen beteiligt waren, bei denen der Schatten eine Rolle spielte. Manchmal bekamen sie auch die Schuld für bestimmte Dinge zugeschoben, was aber später immer revidiert wurde – oft kurz nachdem Saturn das 10. Haus verlassen hatte.

Saturn durch das 10. Haus bringt für gewöhnlich eine echte Formkrise mit sich. War man im 2. Haus wenig motiviert und hat sich bei Saturns Lauf durch das 6. Haus nicht gerade ein Bein ausgerissen, muss man jetzt Rückschläge einstecken. Möglicherweise hat man zu nichts mehr Lust und es gibt nichts mehr, worauf man weiter aufbauen könnte. Es gilt, ganz von vorne anzufangen. Oft erlebe ich, dass Menschen in einer solchen Situation entlassen oder krank werden, oder aber sie zählen die Tage bis zu ihrer Pensionierung. Das ist nun wirklich nichts, worüber man sich freuen könnte. Aber wenn man mit Saturn durch das 2. Haus von innen her in seine Zukunft investiert und bei Saturn durch das 6. Haus Verantwortung übernommen und sich selbst diszipliniert hat, wird man beim Saturntransit durch das 10. Haus feststellen, dass man sich einen Namen gemacht hat, vor allem aber einen soliden und vertrauenswürdigen Ruf aufgebaut hat, der mit neuen Verantwortlichkeiten und Verpflichtungen gepaart ist. Das ist eine Situation, an der man viel Freude haben kann.

Die Formkrise stellt uns Fragen wie: *Wie sehr baust du auf die Position, die du dir erworben hast? Wie abhängig bist du von dem, was du inzwischen geleistet hast? In welchem Maß gibst du in der Gesellschaft mit deiner Funktion oder deinem Titel an? Wie sehr bist du von Ehrenbezeigungen und Aufmerksamkeit abhängig? Gefallen dir deine Aktivitäten immer noch, oder machst du sie nur, weil sie gut bezahlt werden oder dir eine Machtposition sichern? Bist du vielleicht in einer Tretmühle gelandet? Wirst du in deinem Beruf durch gesellschaftliche Verhältnisse und ungeschriebene Gesetze bestimmt? Gehst du wirklich gern zum Empfang Nummer Soundsoviel, oder tust du das, weil du das deinem Ruf und deinem Status schuldest?*

Zu diesen Fragen gibt es noch endlose Varianten, sie geben aber in jedem Fall ein Bild dessen wieder, was alles eine Rolle spielen kann. Über diese Fragen nachzudenken, kann dazu führen, dass man sich ganz aus sich selbst heraus, ohne Druck von außen, und selbst gegen die Erwartungen vieler anderer Menschen beim Saturntransit durch 10 gerade dazu entschließt, einen Schritt rückwärts zu machen, eine Position oder bestimmte Aktivitäten aufzugeben. Das Ziel besteht dann darin, sich selbst näher zu kommen und noch genügend Raum für sich selbst zu erübrigen. Indem man sich diesen Raum verschafft, kann man Freude an den Dingen behalten, die man tut, und man bleibt motiviert, selbst wenn dieser Schritt zurück für gewöhnlich auch finanzielle Folgen mit sich bringt. Trotzdem ist es ein wichtiger Schritt, weil wir auf diese Weise, wenn Saturn durch das folgende Erde-Haus läuft, nicht in eine Motivationskrise geraten. Dann haben wir uns mit Saturns Lauf durch das 10. Haus für das entschieden, was unsere Psyche braucht und unser Portemonnaie eher als Nebensache abgetan. Natürlich muss man auch hier realistisch bleiben; diese Warnung gilt all denjenigen, die sich im Lauf der Jahre immer mehr von sich selbst entfremdet haben. Ich habe einige wenige Menschen kennen gelernt, die beim Saturntransit durch das 9. Haus mit einem ausbeuterischen Guru in Kontakt kamen; bei Saturns Lauf durch das 10. Haus gaben sie dann alles auf, um diesem Guru zu folgen, dem sie außerdem ihr gesamtes Geld überließen. Die eigene Motivation wurde in dem Fall völlig abhängig von der Energie anderer, und das wird früher oder später innerlich seinen Tribut fordern.

Übrigens habe ich auch Klienten erlebt, die aufgrund spiritueller Einsichten beim Saturntransit durch das 10. Haus beschlossen, ihr Leben anders einzurichten. Die Veränderung verlief für gewöhnlich wohl überlegt und ohne groteske Luftsprünge – auch das ist während dieses Transits sehr gut möglich.

Saturn kratzt jetzt an unserer Maske. Welche Haltung nehmen wir nach außen hin ein? Verkörpern wir eine gewisse Härte oder sind wir flexibel? Wie ich weiter oben schon angedeutet habe: Geben Sie überall mit Ihrem Titel oder mit Ihrer Position an oder können Sie einfach Mensch bleiben? Jemand, der sonntagabends mit einem Fremden telefoniert und sich mit: »Sie sprechen mit Notar XY« meldet, missbraucht seinen gesellschaftlich angesehenen Beruf, um zu verbergen, dass er zu einer ungewöhnlichen und eigentlich unpassenden Zeit fremde Leute anruft. Dieser Mensch wird bei Saturns Lauf durch das 10. Haus Fehler machen und auch Situationen, in denen er als Person zur Diskussion steht, falsch beurteilen. Das könnte ihn sogar seinen Ruf kosten oder auf jeden Fall seinem Ansehen schaden. Aus psychologischer Sicht sagen wir dann, dass er seine berufliche Maske aufbehält, weil ihm nichts anderes mehr zur Verfügung steht. Dahinter versteckt sich eine Persönlichkeit, bei der eine Reihe von Charakterzügen und Kapazitäten verkümmern, was zu immer größerer Verkrampfung, Launenhaftigkeit und überkompensierten Zweifeln und Unsicherheit führen kann. Wenn man immer wieder mit der gleichen Haltung auftritt – beispielsweise ein Lehrer, der auch zu Hause ständig »unterrichtet« (um nur ein Beispiel zu nennen), braucht man nur auf Saturns Eintritt in das 10. Haus zu warten! Hier wird er uns zu packen wissen. Übrigens gilt das auch für Haltungen außerhalb des Berufs- und Arbeitsbereichs. Wenn unsere Standardhaltung im Leben die Opferrolle ist oder unsere Ausstrahlung besagt, »Ich kümmere mich schon selbst um alles«, werden auch diese Standardmasken auf ihre Echtheit hin überprüft, wenn Saturn durch unser 10. Haus läuft. Für gewöhnlich trifft man dann auf Leute, die diese Haltung angreifen oder sie in einem Maß missbrauchen, dass man einfach wach werden muss! Bei denjenigen, die sich eine Haltung zugelegt hatten, mit der sie für bestimmte Leute ständig zur Verfügung stehen, habe ich nicht nur erlebt, dass sie ausgebeutet, sondern als Höhepunkt auch noch auf nicht besonders nette Weise »ausrangiert« wurden. Anstelle von Dankbarkeit bekamen sie noch einen Fußtritt hinterher. Das ist zwar sehr bitter, aber gleichzeitig kann so etwas den Beginn der Befreiung von dieser Maske bedeuten. Solch eine Maske kann – als eine von vielen Möglichkeiten – eine Verdrängung tiefer, schwelender Wut über Dinge sein, die früher einmal passiert sind, aber nicht verarbeitet werden konnten. Die Flucht in eine Maske, die Gefühle von Wut nicht erlaubt, wiegt uns zeitweise in Sicherheit. Aber ausgerechnet mit dieser Maske wird man Teilhaber jener Situationen, die den alten Schmerz, den sie verbarg, wieder nach oben befördern. Saturns Lauf durch das 10. Haus kann daher auch psychologisch eine einschneidende Phase sein, nicht so sehr durch innere Dinge, die aufsteigen (das war Saturn durch 8), sondern durch das, was wir als Folge unserer Präsentation, unserer Identität und unserer Maske in der Außenwelt hervorrufen, anziehen und erleben.

(Auch Plutotransite können im Allgemeinen einen konfrontierenden und demaskierenden Effekt haben, allerdings ist Saturn durch das 10. Haus sehr spezifisch auf diese Dinge ausgerichtet.)

Kinder neigen von Natur aus dazu, bei Saturns Lauf durch das 10. Haus selbständiger zu werden. Bei Kindern im Vorschul- oder Grundschulalter habe ich eine deutlich unabhängigere Haltung feststellen können als zu der Zeit, bevor Saturn ins 10. Haus lief beispielsweise ein Junge aus der Vorschule, der zwar gerne zur Schule gehen wollte, sich dort aber intensiv an einen Klassenkameraden klammerte. Die beiden waren unzertrennlich. Das war zu der Zeit, als Saturn durch das 9. Haus lief. Als aber Saturn in sein 10. Haus eintrat, löste sich der Junge mehr und mehr von seinem Freund, ohne dass die Rede von Streit oder Uneinigkeit war. Zwar spielten sie noch viel zusammen, aber seine Abhängigkeit schwand zunehmend und er traute sich immer mehr, selbständig mit anderen Klassenkameraden umzugehen.

Bei anderen Kindern habe ich beim Saturntransit durch 10 erlebt, dass sie ein größeres Verantwortungsgefühl entwickelten. Sie wurden sich, unabhängig vom Alter, irgendwie bewusst, dass Älterwerden auch bedeutet, Pflichten und Verantwortung zu tragen. Andererseits sind Kinder in dieser Periode sensibel für alles, was ihre im Werden befindliche Identität antasten könnte. Sie kämpfen dann für das, was sie selbst wollen und gegen die Anforderungen ihrer Umgebung. Dabei geht es beispielsweise um die ungeschriebenen Kleidungsvorschriften an der Schule; an manchen Schulen haben diese Regeln eine direkte Auswirkung auf Zugehörigkeit oder Ausgeschlossenwerden. So wie Erwachsene mit ihrer Maske kämpfen können, das heißt, dass sie sich mit ihrem Titel oder ihrem Beruf präsentieren statt als Mensch, so können das auch Kinder auf einem anderen Niveau tun, zum Beispiel mit Kleidung oder Geld oder bestimmten Accessoires.

Kinder lernen mit Saturns Lauf durch das 10. Haus, dass nicht alles, was sie haben wollen, zu ermöglichen ist. Nicht alle Eltern haben das nötige Geld für diesen superteuren Jogginganzug, der in der Gruppe Standard ist! Das Kind muss auf eine andere Weise Werte finden, um dazuzugehören; es ist wichtig, mit Kindern in dieser Periode relativierend und unterstützend über diese Themen zu sprechen.

Schon weiter oben sahen wir, dass die Rolle von Saturn im 6. Haus Einfluss auf den Aufbau unserer Identität hat, auf die Art, sich in der Gesellschaft zu präsentieren, im Zusammenhang damit, was wir in der Gesellschaft erleben. Das lässt sich immer leicht anhand des Beispiels Arbeit illustrieren, in der Form, wie ich sie schon beim 6. Haus angedeutet habe. Es geht nämlich um den Willen, in dieser Periode, die jetzt mit Saturns Lauf durch das folgende Erde-Haus eine Belohnung mit sich bringen kann, Problemen und Rückschlägen die Stirn zu bieten. Selbst wenn man nicht berufstätig ist, gilt diese Verbindung noch immer. Im 6. Haus werden wir mit den Forderungen der objektiven Wirklichkeit konfrontiert. Man kann noch so sehr davon überzeugt sein, wie gut man ist, im 6. Haus wird uns objektiv gezeigt, was Gutsein tatsächlich beinhaltet. Ein Beispiel: Falls wir glauben, im Schlittschuhlaufen wirklich gut zu sein, wird uns Saturn, wenn er durch das 6. Haus läuft, an einer Schlittschuhfahrt teilnehmen lassen, bei der wir dann dahinter kommen, dass unsere Technik und Schnelligkeit durchaus noch Defizite aufweisen. Mit anderen Worten: Man bekommt eine Reihe objektiver Maßstäbe, an denen man sich messen kann; die Entscheidung, ob wir damit etwas anfangen werden, liegt dann bei uns. Nimmt man diese Signale auf und fängt etwas mit ihnen an – auch abhängig von der Motivation, die im vorherigen Erde-Haus, dem 2. Haus, entwickelt und verfeinert werden konnte –, dann wird man im 10. Haus nicht nur ein realistisches Bild von sich selbst darstellen können, sondern man verspürt auch weniger die Neigung, zu prahlen und zu übertreiben (als Äußerungen überkompensierter Zweifel). Dadurch wird man weniger Gefahr laufen, zu scheitern. Der Transit von Saturn durch das 6. Haus ist vielleicht deshalb so mühsam, weil so viele kritische Punkte auf uns zu kommen. Im 10. Haus bringt er aber dann eine gereifte und bescheidene Persönlichkeit hervor, die ihre Grenzen gut kennt und zu erforschen bereit ist, ob diese Grenzen einer

Veränderung bedürfen. So jemand wird auch bei sehr viel zu erledigender Arbeit die Körpersignale nicht aus den Augen verlieren, weil Ambition und Ehrgeiz nicht die Chance erhalten, die objektive Wirklichkeit zu übertünchen.

Aus dieser stabilen Haltung heraus werden auch eventuelle Angriffe auf Person und Ansehen erfolgreich durchgestanden oder pariert. Diese stabile Haltung führt zudem dazu, dass im kommenden 2. Haus, dem folgenden Erde-Haus, keine Motivationskrise droht, sondern eine Übereinstimmung mit der Tatsache, dass Psyche und Lebensumstände sich nun einmal verändern, und dass nur notwendige Anpassungen stattfinden werden.

Der rote Faden durch die kardinalen Häuser

Kein anderes Haus außer dem 10. fragt uns so deutlich danach, wer wir sind, wo unsere Grenzen und Möglichkeiten liegen und wo wir uns Einschränkungen auferlegen. Das 10. Haus ist unsere Manifestation in der Gesellschaft als Ganzes und spiegelt auch den Eindruck wider, den wir auf die Leute machen, die uns als Person nicht kennen. Dabei spielen unsere Körpersprache und andere nonverbale Signale eine ebenso wichtige Rolle wie unsere Visitenkarte, auch wenn wir das selbst nicht durchschauen. In der Kraft und im Klang unserer Stimme dringt unsere Motivation durch und in unserem Händedruck unsere Präsentation. Einen großen Teil der nonverbalen Ausdrucksformen kann man selbst nicht ganz durchschauen; sie sind das Ergebnis vieler verschiedener Prozesse in unserem Unbewussten. Eine wichtige Rolle bei unserer Haltung nach außen spielen die Selbständigkeit und die Verbundenheit, die man während Saturns Lauf durch die kardinalen Häuser erwerben konnte. Gelang es uns, uns von unserer Vergangenheit zu lösen, ohne sie zu verwerfen und ohne sie zu verleugnen? Sind wir emotional stabil und konnten wir menschliche sowie häusliche Werte bei Saturn durch das 4. Haus integrieren? Konnten wir beim Saturntransit durch das 7. Haus unserer Beziehung oder Gemeinschaft auf erwachsene Weise Form geben? Dann stehen wir jetzt aufrecht da und strahlen eine ruhige Kraft aus, die nicht abstoßend wirkt. Wir konnten ein »Rückgrat« bilden, ohne eine Mauer um uns zu errichten.

Sucht man jedoch die Schuld für seine Probleme in der Vergangenheit, in seiner Erziehung, bei den Eltern, dem Partner und so weiter, wird man mit Saturn durch das 10. Haus nicht wirklich über eine glänzende Ausstrahlung verfügen. Dann können noch so viele schöne Titel auf unserer Visitenkarte stehen, irgendwie wird man spüren, dass man nicht ganz ernst genommen wird oder dass andere den Kontakt zu einem distanziert und eher förmlich halten, oder dass man vor allem mit Kollegen, Fachkollegen oder »Schicksalsgenossen« zu tun hat, die einen zwar nett finden, aber einzig und allein deshalb, weil man im gleichen Boot wie sie sitzt. Solche komplexgebundenen Kontakte beinhalten immer ein Risiko. (Das hat dann wiederum Folgen für Saturn im folgenden Haus, dem 11.)

Im 10. Haus müssen wir eine Art Examen ablegen, wie wir im weitesten Sinn mit uns selbst umgehen können, uns trauen, wir selbst zu sein und uns innerlich nicht zu vernachlässigen. Das haben wir in den vorherigen kardinalen Häusern kennen lernen können, und wenn der Prozess gut verläuft, werden wir über eine starke, ruhige und klare Ausstrahlung verfügen, sobald Saturn in unser 1. Haus läuft. Was immer uns auch in dieser Periode begegnen wird, wir können maßvoll damit umgehen.

Sollten wir unsere Identität an unserem Partner festgemacht haben oder abhängig von Kollegen oder Kompagnons geblieben sein, werden wir vor allem sie in der Außenwelt darstellen und uns selbst noch mehr verlieren. Das Abgrenzen dessen, was zu uns gehört und wer wir sind, ist im 10. Haus ein wichtiger Prozess.

Je zwanghafter man mit Saturn im 10. Haus wird, desto schwieriger erweist es sich, zu Hause zu entspannen. Dann wird man auch hier dazu neigen, seine Maske aufzubehalten, was der Gemütlichkeit und dem Familienleben natürlich abträglich ist. Auch größere Verantwortlichkeit und Arbeitsdruck können zur Folge haben, dass man weniger zu Hause ist, Arbeit mit nach Hause nimmt oder, wenn man einmal zu Hause ist, vor lauter Müdigkeit abwesend ist. Können Sie noch über andere Dinge als Ihre Arbeit reden? Hüten Sie sich vor einer Entfremdung von denjenigen, die Ihnen am nächsten stehen.

Andererseits wird eine klare und ehrliche Einstellung und das Vermögen, Entscheidungen zu treffen, uns in dieser Periode erkennen helfen, wie wichtig es ist, einen Ort zu haben, an dem wir wir selbst sein und entspannen können. Unser eigenes Zuhause und unsere Familie können dabei eine Schlüsselrolle spielen. Achten Sie beim Transit von Saturn durch 10 darauf, dass Sie diese Facette nicht vernachlässigen, denn sie kann jetzt von zentraler Bedeutung für Sie sein.

Der Einfluss auf das folgende Haus

Wenn Saturn durch das 11. Haus zu laufen beginnt, kommt für gewöhnlich eine Art Reinigungsprozess in unserem Freundeskreis und im Kreis derjenigen in Gang, die auf unserer Wellenlänge liegen. Wir haben im Verlauf der Jahre einen Veränderungsprozess durchlebt, der auch seine Rückwirkung auf die Menschen haben wird, mit denen wir uns geistig verwandt fühlen. Es dürfte deutlich sein, dass der Reinigungsprozess im Hinblick auf unsere eigene Identität bei Saturn durch das 10. Haus wichtige Bedingungen dafür schafft, wie sich Saturn im 11. Haus auswirken kann. Haben wir uns bei Saturns Lauf durch das 10. Haus so sehr auf unsere gesellschaftlichen Aufgaben konzentriert, dass wir Freundschaften oder eine bestimmte Art sozialen Lebens vernachlässigt haben, werden wir mit den Folgen beim Saturntransit durch das 11. Haus konfrontiert. Haben wir uns eine zu starre und übertriebene Maske zugelegt, hat das auch Konsequenzen in unserer Umgebung. Sind wir in negative Berichterstattung – schlimmstenfalls in Skandale – verwickelt? Wer will dann noch mit uns in Verbindung gebracht werden?

Aber wenn wir auf stabile Weise im Leben stehen, werden wir bei Saturns Lauf durch das 11. Haus einen natürlichen Selektionsprozess durchmachen, bei dem alte Freundschaften verschwinden und neue, dauerhafte aufgebaut werden können.

Saturn durch das 11. Haus

Im 11. Haus dreht sich alles um unseren Kontakt zu Gleichgesinnten und Gleichdenkenden, Freunden und Geistesverwandten – zu Menschen also, die wichtig für uns sind und mit denen wir uns verbunden fühlen, ohne dass dabei die Rede von einer Partnerschaft sein muss. Das 11. Haus kann, wenn man einen wichtigen und aufrichtigen Kontakt zu den Menschen hat, die zu diesem Lebensgebiet gehören, in positivem Sinn sowohl ein Stimulans als auch ein sicherer Hafen sein. Vieles hängt aber davon ab, inwieweit man in der Lage ist, diese Menschen bedingungslos, offen und aufrichtig zu akzeptieren. Denn wie sehr man auch auf der gleichen Wellenlänge ist, Menschen sind verschieden, und immer wird es unterschiedliche Sichtweisen und Auffassungen geben. Wir werden auch mit Ideen und Aktivitäten anderer konfrontiert, die sich mit uns darüber austauschen wollen und vielleicht möchten wir ihnen sogar beipflichten. In der klassischen Astrologie wird das 11. Haus »das Haus der Wünsche und Sehnsüchte« genannt. Dabei geht es speziell um jene Wünsche, die im Kontakt zu Menschen entstehen, die in unserer Umgebung wichtig für uns sind. Es geht also nicht um Wünsche und Sehnsüchte, die vielleicht in uns aufkommen, wenn wir uns schöne Dinge in einem Schaufenster ansehen.

Wenn Saturn in dieses Haus läuft, ist die Zeit des Großreinemachens in unserem Freundeskreis angebrochen. Viele Menschen werden in dieser Periode bemerken, dass Freundschaften sich verändern oder neu bewertet werden, dass einige ihr Ende finden, aber auch neue geschlossen werden. Probleme mit oder im Zusammenhang mit Freunden, Parteigenossen, Clubmitgliedern etc. treten während dieses Saturntransits häufig auf. Diese äußeren Ereignisse hängen vor allem mit unserer inneren Situation zusammen. Saturn fragt hier ganz direkt, ob die Menschen, die man jahrelang um sich hatte, wirklich noch zu einem passen. Im Lauf der Jahre hat man sich verändert und die anderen ebenfalls. Versteht man sich wirklich noch? Gibt es immer noch diese Tiefe? Oder hat sich Gewöhnung eingeschlichen und ist man sogar in eine Art Trott verfallen? Hat man sich wirklich noch etwas zu sagen? Auf einem anderen Niveau spielen folgende Fragen eine Rolle: *Hat man den Mut, sich wirklich alles zu sagen? Wie abhängig wurde man in seinen Handlungen vom Freundeskreis? Wie ängstlich ist man, die eigene Meinung auszudrücken und von der allgemeinen Denkweise in Club, Partei etc. abzuweichen? Kann man mit Unterschieden umgehen? Hat man bei all seinen Kontakten eine Maske getragen oder hatte man den Mut, man selbst zu sein?*

Diese Fragen drehen sich in jeder Hinsicht um das Demaskieren alter, ausgedienter Muster und um das Erfahren dessen, was in wichtigen Beziehungen wesentlich ist. Der Transit von Saturn durch das 11. Haus – ein festes Haus – kann daher manchmal krisenhafter verlaufen als man vorab gedacht hätte.

Letztlich hängt viel davon ab, wie wir Saturn in den vorherigen Luft-Häusern aufgegriffen haben. Haben wir innere Selbständigkeit und inneres Vertrauen in Beziehungen aufgebaut, indem wir unserer eigenen Sichtweise bei Saturn durch das 3. Haus treu geblieben sind, und haben wir unsere eigene Identität und Verantwortlichkeit behalten oder bei Saturns Lauf durch das 7. Haus entdeckt, dann haben wir bei Saturn durch das 11. Haus unseren Freunden und denjenigen, mit denen wir auf gleicher Wellenlänge liegen, eine Menge zu bieten. Mit einer solchen Haltung ist man nicht davon abhängig, was unsere Freunde wollen und man hat auch keine Angst davor, dass sie manchmal etwas anderes möchten als man selbst. Hier wird sich dann beweisen, dass Unterschiede, ja sogar Uneinigkeit und Streit den Kern der Freundschaft nicht anzutasten brauchen. Der andere darf so sein, wie er oder sie wirklich ist, und das kommt der Offenheit sehr zugute!

Ist man aber unselbständig geblieben, wird man bei Saturns Lauf durch das 11. Haus ein Gefühl von Einsamkeit erfahren und sich noch abhängiger von anderen machen. Während man eigentlich lernen könnte, mehr man selbst zu werden und sich weniger auf andere zu stützen (oft als Folge schmerzlicher Erfahrungen), kann man sich aus Angst vor Schmerz verstecken und sich noch stärker an die Menschen klammern, die einem wichtig sind. Geht es beispielsweise um Club- oder Parteifreunde, dann ist es sogar möglich, dass man sich besonders einsetzt und abrackert, nur um dazuzugehören. Es ist schon ärgerlich genug, dass Saturn uns gerade in dieser Periode in unserem Club oder unserer Partei (oder einer Abteilung dieses Vereins) in Schwierigkeiten bringen wird und uns in verzwickte Geschichten verwickelt. So etwas ist für einen unselbständigen Menschen viel beängstigender als für jemanden, der in Kontakten Rückgrat beweist, weil für ihn im Grunde viel weniger auf dem Spiel steht. Natürlich muss das 11. Haus längst nicht immer bedeuten, dass man einem Club oder einer Partei angehört, in 11 geht es vor allem um ein Gefühl *innerer* Zugehörigkeit zu anderen. Aber derartige Gruppierungen können ein Ausdruck dieser Verbundenheit sein.

Haben wir uns bis dahin auch hinsichtlich unserer Meinungen und Einsichten sehr abhängig verhalten, wird uns Saturn durch 11 mit den Folgen dieser Unselbständigkeit konfrontieren. Wenn man immer brav seine eigene Meinung unterdrückt, die der anderen aber hinausposaunt hat, wird man mit der Tatsache konfrontiert, nicht mehr echt zu klingen, was dazu führt, dass man an unserer Meinung nicht mehr interessiert ist. Vielleicht lässt man uns sogar ein wenig links liegen und man hat das Gefühl, immer weniger zur Gruppe zu gehören. Den inneren Anschluss hatte man aber eigentlich längst verpasst, weil man nicht man selbst war. Und das spiegelt sich jetzt auch im Außen in Form von Schwierigkeiten wider. Die Frage lautet nämlich: Was hat man eigentlich zu bieten? Achten Sie jetzt darauf, dass Sie anderen gegenüber nicht nachtragend werden! Gerade die Krisis der Einsamkeit kann zu der Einsicht führen, dass wir unserem Leben einen anderen Kurs geben müssen, und das ist möglicherweise ein Ansatz für wahre Veränderung. Wir können verstehen lernen, dass Saturn jetzt nach unserem inneren Kern fragt und uns auffordert, die Kraft aufzubringen, dieses Innere ruhig und gelassen im Außen unter Beweis zu stellen, während man lernt, andere Menschen trotz differenter Meinung nicht in ihrer Würde zu verletzen. Wir können lernen, dass Diskussionen wirklich wertvoll sind.

Mit Saturns Lauf durch das 11. Haus erlebe ich häufig, dass bei Menschen das Bedürfnis nach einer klaren und ungeschminkten Beziehung mit anderen entsteht, nach einer Beziehung, in der man nicht um den heißen Brei herumreden muss, sondern die Dinge einfach so sagen kann, wie sie sind. Außerdem meldet sich das Bedürfnis, für andere nicht das Letzte aus sich herausholen zu müssen. Bei verschiedenen Klienten habe ich erlebt, dass sie während dieses Transits den Beschluss fassten, die Dinge einfach beim Namen zu nennen. Das ist wirklich nicht einfach. Wenn man sich beispielsweise verabredet hat, aber ausgerechnet an dem Tag ein starkes Bedürfnis verspürt, einmal nichts zu müssen – was ist dann zu tun? Sagt man die Verabredung nur aus dem Grund ab, dass man jetzt nicht will oder einfach keine Lust hat, kommt das beim anderen natürlich schon merkwürdig an. Ist es nicht besser, sich eine Ausrede einfallen zu lassen? Allerdings kommt dieser Schwindel früher oder später doch heraus. Aber gerade mit Saturns Transit durch das 11. Haus hat man einerseits ein stärkeres Bedürfnis, ab und zu nichts und niemanden um sich zu haben, und andererseits erkennt man – oder diese Erkenntnis wächst –, wie wichtig Freunde doch sind. Die Dinge ehrlich zu benennen kann dann innerlich (Angst vor den Folgen) oder äußerlich (eine falsche

Reaktion des anderen) zu Spannungen führen. Wenn der andere beleidigt reagiert, wie geht man dann mit dieser Zurückweisung um? Kann man verstehen oder akzeptieren, dass er enttäuscht ist? Oder hat man Angst?

Diese und andere Punkte verlangen nach einer Antwort, und die Wahrscheinlichkeit ist groß, dass man durch solche und andere Situationen allmählich beginnt, über die Rolle der Menschen in seiner Umgebung nachzudenken. Trauen Sie sich wirklich, Sie selbst zu sein? Ist der andere, wenn er mit Unverständnis reagiert, überhaupt noch jemand, mit dem Sie befreundet sein können? Worauf basiert diese Freundschaft? Kann über das Problem gesprochen werden, oder fürchten Sie sich davor, es anzuschneiden? Haben Sie Angst, weil Sie den Mut nicht aufbringen, für sich selbst geradezustehen, oder haben Sie Angst vor der Reaktion des anderen? Hat der andere für Sie, neben diesen weniger schönen Seiten, noch genügend Angenehmes an sich, für das Sie freundschaftliche Gefühle empfinden können?

Innerlich können sich regelrechte Kämpfe auf diesem Gebiet abspielen. Und mehr noch. Wenn wir nicht von innen heraus wir selbst sind, bekommen wir es möglicherweise mit Menschen in unserem engeren Kreis zu tun, die plötzlich ausfallend werden und uns wegen einer Nichtigkeit fallen lassen, wegen Dingen, die sich anscheinend nicht bereinigen lassen. Saturn kann uns wirklich einen gehörigen Schrecken einjagen, falls wir mit Menschen konfrontiert werden, bei denen sich plötzlich eine dunklere oder problematische Seite zeigt. Dann tauchen immer wieder Fragen auf: Hat die Freundschaft jemals wirklich etwas bedeutet? Wie blind sind wir selbst im Umgang mit unseren Lieben? Wie abhängig sind wir von ihnen, in welcher Hinsicht auch immer? Denken Sie daran, dass diese Abhängigkeit sehr gut maskiert sein kann. Beispielsweise ist es möglich, dass Sie in Ihrem Freundeskreis mit Freude für diejenigen da waren, die Ihre Hilfe brauchten, womit Sie sich auch selten oder niemals schlecht fühlten. Diese Hilfsbereitschaft verschleiert womöglich einen Mangel an echter

Freundschaft. Man kam in engen Kontakten vielleicht nur deshalb gut zurecht, weil man das Gefühl hatte, etwas für andere tun zu können. In diesem Fall ist Ihre Hilfsbereitschaft eine Maske, hinter der sich Ihr wahres Wesen verbirgt. Auf diese Weise schaffen wir unbewusst Ungleichheit in Beziehungen. Saturn kann uns bei seinem Lauf durch das 11. Haus mit Menschen konfrontieren, für die wir jahrelang da waren, und die uns plötzlich links liegen lassen oder keinen Kontakt mehr zu uns suchen. Oder, und das ist das andere Extrem, es kommen Menschen auf uns zu, die jetzt in Schwierigkeiten stecken und sich sehr stark auf uns stützen, und zwar in einem solchen Maß, dass wir uns fragen, ob wir das wirklich wollen.

Sicher ist es nicht immer so, dass Saturn durch 11 derart heftige Probleme zwischen uns und unseren Freunden aufbaut, obwohl die Wahrscheinlichkeit größer ist als sonst. Häufig kommt es auch vor, dass Freunde Probleme haben und beispielsweise eine Scheidung durchmachen, eine psychische Krise erleben und dergleichen. Vielleicht muss aber auch ein guter Freund oder eine Freundin umziehen oder emigriert möglicherweise sogar. Saturn ist nicht nur »Väterchen Zeit«, er ist auch der Planet, der Abstand symbolisiert. Gleichzeitig ist Saturn der Planet der Treue und Dauerhaftigkeit, was bedeutet, dass die Freundschaft trotz der Distanz oder der Schwierigkeiten bestehen bleiben kann. In dieser Hinsicht habe ich sehr schöne und sogar rührende Beispiele bei Freunden erlebt, die durch äußere Umstände sehr weit voneinander entfernt waren, aber im Geist miteinander verbunden blieben, sogar in einem Maße, dass es ihnen keine Angst machte, dass der spärliche Kontakt zu einer Verwässerung der Freundschaft führen würde. Bei jedem Kontakt schien es ihnen, als ob sie sich erst gestern das letzte Mal getroffen hätten.

Bei Saturn durch das 11. Haus können wir in positiver Hinsicht lernen, wer die Menschen sind, mit denen wir eine wichtige und dauerhafte Beziehung aufbauen oder unterhalten können. Ich habe oft erlebt, dass sich in dieser Periode alte Freundschaften auflösten oder gefühlsmäßig eher zu Bekanntschaften wurden, und dass auch neue Freundschaften entstanden. Saturn scheint außerdem eine Rolle dabei zu spielen, auf welche Art und Weise diese Freundschaften zu Stande kommen. Wie oft kommt es doch vor, dass Menschen aus einer entfernten Vergangenheit plötzlich wieder in unser Leben treten? Alte Bekannte, mit denen man in der Grundschule war oder mit denen man in der Vorschulzeit gespielt hat. Oder, wenn man bereits älter ist, trifft man Menschen wieder, mit denen man ganz früher einmal gearbeitet oder studiert hat. Wie aus heiterem Himmel laufen sie uns plötzlich »zufällig« über den Weg. Ein solches Wiedersehen kann sehr erfreulich sein und uns spüren lassen, was Freundschaft oder positive Kontakte für uns bedeuten. Diese Erfahrungen und die Art der Begegnung können auch die Art beeinflussen, wie wir weitere Freundschaften aufbauen. Es kommt häufig vor, dass eine solche alte Freundschaft wieder aufgegriffen und weitergeführt wird. Also, Freundschaften aus einer vergangenen Zeit – wenn da nicht Saturn seine Hände im Spiel hat!

Bei Saturns Lauf durch das 11. Haus kommt man möglicherweise mit Leuten in Kontakt, die man schon eine Zeit lang kennt, mit denen man aber eigentlich nie wirklich Freundschaft geschlossen hat. Vielleicht ist man sich in den vergangenen Jahren zwar regelmäßig begegnet, hatte ab und zu auch Kontakt oder miteinander zu tun, aber mehr nicht. Eventuell geht es um jemanden, mit dem man beruflich ab und an zusammentrifft. Vielleicht aber auch um den Elternteil eines Kindes, das mit unserem Kind zur Schule geht, oder mit dem man zusammen im Elternrat sitzt und gelegentlich ein Schulfest oder einen Ausflug organisiert. Man kann sich jahrelang hin und wieder mit Leuten unterhalten und zeitweise eine Aktivität mit ihnen teilen, bis plötzlich, wenn Saturn durch unser 11. Haus läuft, etwas passiert, wodurch man nicht nur eine Zeit lang intensiveren Kontakt zueinander pflegt, sondern auch bemerkt, wie gut man sich eigentlich versteht und aufgrund dessen eine herzliche und dauerhafte Freundschaft wächst.

Schwierig wird es, wenn man noch unselbständig und abhängig von anderen ist. Dann kann es sein, dass man beim Saturntransit durch das 11. Haus Freundschaft mit jemandem schließt, mit dem es »heftig funkt«, der sich aber in ähnlichen Schwierigkeiten befindet wie man selbst. Psychologisch ausgedrückt hat dieser Jemand die gleichen Komplexe. Das kann einen gewaltigen Schock des »Wiedererkennens« auslösen und zeitweise ein tiefes Band schaffen, das sich für beide Seiten gut anfühlt. Das Problem ist aber dass, wenn einer der beiden beginnt, sein inneres Problem anzugehen, der Freundschaft die Basis entzogen wird. In diesem Fall können sogar sehr negative Projektionen hervorbrechen und man kann sich gegenseitig aller möglichen Dinge beschuldigen.

Kinder, bei denen Saturn durch das 11. Haus läuft, erleben ebenfalls oft Probleme mit Freunden. Ich habe mehrmals erlebt, dass ein solches Kind in dieser Zeit nur schwer Anschluss an eine Gruppe oder sogar an die ganze Klasse findet. Irgendwie kann das Kind sich noch nicht so leicht anschließen und es wird von der Gruppe nicht verstanden. Manchmal hat das missliche Folgen, beispielsweise ausgeschlossen und im schlimmsten Fall sogar Schikanen ausgesetzt zu werden.

Manche Kinder scheinen Angst zu haben, sich anderen anzuschließen und werden sich beispielsweise in der Pause auf dem Schulhof etwas absondern oder erst einmal abwarten, wie der Hase läuft. Die Folge ist möglicherweise, dass sie nicht so schnell aufgefordert werden, an den Aktivitäten der Gruppe teilzunehmen. Man schiebt ihnen auch schneller die Schuld für Dinge in die Schuhe, die in der Gruppe schief laufen. Es ist, als hinge über diesen Kindern eine graue Wolke. Eine Mutter erzählte mir zum Beispiel, dass ihr Kind es aufgrund dieser Erfahrungen in der Grundschule sehr schwer hatte, was aber recht schnell nachließ und dann ein bisschen besser wurde. Gerade als sie glaubte, dass die Probleme mit den Klassenkameraden definitiv vorbei wären, stellten sie sich mit voller Wucht wieder ein. Das Horoskop ihres kleinen Jungen zeigte einen Saturntransit durch das 11. Haus. Als Saturn über die Spitze von 12 lief, ließen die Probleme nach. Saturn wurde aber rückläufig und lief zurück ins 11. Haus, um dort noch für eine geraume Zeit zu verweilen, bevor er das 11. Haus, dann aber entgültig, verließ. Glücklicherweise konnte ich der Mutter sagen, dass die wieder aufgeflammten Probleme wirklich die letzte Äußerung von Saturn gewesen wären und dass ein Ende in Sicht sei.

Kinder können bei Saturns Lauf durch das 11. Haus übrigens auch weniger Verlangen nach Kontakten und Freundschaften haben. Früher erkannte man das daran, dass ein Kind viel gelesen hat statt draußen zu spielen, oder es wollte lieber alleine sein und sich mit Legosteinen oder Ähnlichem beschäftigen. Mit diesen Dingen war es dann sehr glücklich. Heute ist es so, dass mehr und mehr der Computer diese Rolle übernimmt. Längst nicht alle Kinder müssen also aufgrund äußerer Probleme weniger Anschluss haben, oft ist da ein natürliches Bedürfnis in ihnen selbst, mehr allein zu sein. Im richtigen Moment finden sie dann ganz von selbst aus diesem Bedürfnis wieder heraus. Wie ich bereits an anderer Stelle erwähnte, können Kinder mit dem Transit von Saturn ganz natürlich umgehen und haben für gewöhnlich keine größeren Probleme damit, solange sie sie selbst bleiben können.

Der rote Faden durch die Luft-Häuser

Weiter oben habe ich bereits auf die Notwendigkeit hingewiesen, dass man beim Transit von Saturn seinen eigenen Gedanken und der Art, wie man Fakten sieht und ordnet, treu bleiben muss, und bei Saturn durch das 7. Haus seine Identität und Selbständigkeit innerhalb der Beziehung und damit auch die Unabhängigkeit im Denken bewahren muss. Übrigens fordert das 3. Haus im Kern schon Offenheit gegenüber dem, wie andere Menschen Fakten betrachten; und das 7. Haus verlangt Verbundenheit mit dem Wesen und der Sichtweise des Partners und Kompagnons. Hier geht also nicht um ein »Abgrenzen gegen etwas«, sondern um mentale Standfestigkeit und Flexibilität. Werden diese Bedingungen erfüllt, bringt Saturn durch das 11. Haus die Möglichkeit mit sich, diese innere Selbständigkeit weiter auszubauen und gleichzeitig – wie paradox das auch klingen mag – große Verbundenheit mit anderen zu erleben sowie sehr viel Wärme für die Menschen zu empfinden, die zu unserem 11. Haus gehören. Dann ist es möglich, intensiv, aufrichtig und von ganzem Herzen Teil der Gruppe Geistesverwandter in unserer Umgebung zu sein, ohne dass wir uns von unserem inneren Kurs abbringen lassen. Selbst dann nicht, wenn man es beim Saturntransit durch 11 mit all den Bereichen zu tun bekommt, in denen man vom allgemeinen Kurs oder von üblichen Gedankengängen abweicht. Möglicherweise wird man dann sogar derjenige sein, der Neuerungen einbringt und in Gang setzt, und zwar gerade aufgrund der abweichenden Gefühle und Sichtweisen.

Über die Nachteile von Unselbständigkeit haben wir bereits gesprochen. Eine wachsende Unselbständigkeit und das Festklammern an die Meinungen anderer wird in Zukunft, bei Saturn durch das 3. Haus, dazu führen, dass wir immer weniger wissen, welche Tatsachen für uns selbst und für die Dinge, mit denen wir beschäftigt sind, noch von Interesse sind und wie wir immer wieder versuchen, Führung und Lenkung zu erhalten. Und die wird Saturn uns mit seiner Politik der Entmutigung *natürlich* vorenthalten, gerade weil er uns wieder zu uns selbst bringen will.

Bei einer positiven Entwicklung in den Luft-Häusern wird Saturn durch das 3. Haus uns zukünftig helfen können, sehr kraftvoll mit Tatsachen umzugehen und die Fakten auch ohne Schnörkel zu durchschauen.

Der rote Faden durch die fixen Häuser

Wollen Sie anderen offen und aufrichtig entgegentreten können, ihnen Raum geben und gleichzeitig Ihre Unabhängigkeit bewahren? Dann ist es äußerst wichtig, dass Sie entsprechend aufgeräumt haben, als Saturn durch Ihr 8. Haus lief. Denn mit einem 8. Haus, das noch voll an Komplexen und Verdrängungen ist, braucht man nicht nur eine Menge Energie, um den Deckel auf der Kiste zu halten, sondern es beraubt einen auch der Flexibilität, locker mit anderen Menschen umzugehen. All die problematischen, verdrängten Züge in uns selbst, unseren Schatten, erkennen wir nicht als zu uns gehörig an, wir projizieren all das vielmehr auf andere. Das heißt, dass uns bei bestimmten Leuten in übertriebener Weise das auffällt, was in uns selbst steckt, aber ein Schattendasein führt. Aufgrund dieser unbewussten Seiten kann man bestimmte Leute einfach nicht ausstehen, andere hingegen hebt man auf ein Podest. Keine dieser beiden Haltungen ist eine gute Voraussetzungen für Ausgeglichenheit in Freundschaften! Wenn Saturn im 8. Haus nicht mit der Reinigungsaktion beginnen durfte, läuft man bei Saturn durch das 11. Haus Gefahr, falsche Freundschaften zu knüpfen. Man erlebt Probleme aufgrund von Projektionen oder gerät in Schwierigkeiten durch forderndes Verhalten einerseits und zurückweisendes Verhalten andererseits – all das können wir auch von anderen erfahren. Die Wahrscheinlichkeit von Missverständnissen durch Projektionen oder eine Fehlinterpretation des Verhaltens anderer ist jetzt wesentlich größer. Man kann tatsächlich sagen, dass ein Teil der Prüfung, ob man sich im 8. Haus wirklich an die Arbeit gemacht hat, im 11. Haus liegt. Wenn Saturn durch das 11. Haus läuft, wird er uns haarklein und oft auf sehr deutliche Weise erfahren lassen, was noch an Arbeit zu erledigen ist.

Im 11. Haus geht es darum zu akzeptieren, dass Freundschaften sich verändern. Wenn man dafür nicht dem anderen die Schuld zuschiebt und auch sich selbst nicht mit Schuldgefühlen überhäuft, sondern versteht, dass die Veränderungsprozesse, von denen nun einmal jeder ein Teil ist, auch die *Bedeutung* von Freundschaften verändern, wird man weniger dazu neigen, sein Leben auf bestimmte Menschen zu bauen, wie wichtig sie einem auch sind. Geht man von seinem eigenen Wesen aus, kann man

Ebbe und Flut im Freundeskreis als natürlichen Vorgang akzeptieren. Dann brauchen wir unsere Freunde nicht dazu, uns zu motivieren, weil wir unsere Motivation in uns selbst finden.

Obwohl man seine Freunde natürlich als sehr anregend erleben kann, ist man in der Lage, auch ohne sie motiviert zu sein – und das ist ein Thema des 2. Hauses. Das bedeutet, dass wir, wenn Saturn uns im 11. Haus dabei hilft, zu unserem eigenen Kern zu finden, unabhängig von anderen (bei gleichzeitigem Kontakt zu anderen), bei seinem späteren Transit durch 2 auch viel weniger Mühe mit Motivationskrisen haben. Falls sich dann finanzielle Probleme auftun, ist sogar Hilfe von Seiten unserer Freunde sehr wahrscheinlich!

Das Oppositions-Haus

Im 5. Haus geht es um unser Selbstvertrauen, unsere innere Autorität und die Zentrierung unseres Wesenkerns. Wenn Saturn durch das 11. Haus läuft und unser Verhalten in Bezug auf Freunde und diejenigen, die für uns wichtig sind, einem Test unterzieht, geht es im Kern auch gleich um die Prüfungsfrage, inwieweit wir uns selbst so akzeptieren, wie wir sind, ob wir Selbstvertrauen haben und den Mut aufbringen, wir selbst zu sein. Das 5. Haus gehört wie das 8. zum fixen Kreuz. Bereits in 5 konnten wir sehen, dass sich das 8. Haus als schwieriger erweist, wenn es uns an Vertrauen fehlt. Und das hat wiederum Konsequenzen in 11. Probleme im 11. Haus wiederum können uns mit der Nase auf die Tatsache stoßen, dass wir an bestimmten Punkten noch unzureichendes Vertrauen an den Tag legen (5. Haus). Das kann eine Folge erlebter Ängste sein, aber auch mit Zurückweisungen zu tun haben, die darauf zurückzuführen sind, dass wir uns vielleicht zu energisch verhalten haben, was eine Überkompensation von 5 ist. Was sich im zwischenmenschlichen Bereich in 11 abspielt, bringt also direkt eine Reaktion auf das mit sich, was wir im 5. Haus über uns selbst erfahren und denken!

Der Einfluss auf das folgende Haus

Erleben Sie im 11. Haus als Folge von Problemen Einsamkeit und haben Sie Schwierigkeiten, Anschluss zu finden? Dann bringt Saturns Transit durch das 12. Haus das Risiko mit sich, seine Richtung zu verlieren und sich noch einsamer oder unverstandener zu fühlen. Da es keinen äußeren Halt mehr gibt, kann man nur noch auf seinen eigenen inneren Kern zurückgreifen. Andererseits wird eine positive Entwicklung von Saturn durch 11 unsere innere Unabhängigkeit vergrößern, ohne dass wir das Zusammengehörigkeitsgefühl zu anderen verlieren. Läuft Saturn dann durch das 12. Haus, kann er aufgrund dessen sogar ein Gefühl von fast religiöser Verbundenheit mit allem, was lebt, hervorrufen, ohne dass man das lauthals verkünden muss. Dieses Gefühl erfährt man tief von innen her, während man gleichzeitig nicht so viel Lust auf außengerichtete Aktivitäten hat. Das scheinbare Paradox bei Saturns Lauf durch das 12. Haus, sich in sich selbst zurückzuziehen und gleichzeitig intensive Liebe für alles, was lebt, zu erfahren, ist kennzeichnend für Menschen, die in der vorhergehenden Periode eine positive Basis schaffen konnten.

Saturn durch das 12. Haus

Saturns Transit durch das 12. Haus wird oft als eine Periode von Chaos und Unordnung beschrieben, als eine Zeit, in der nichts klappt und der Formplanet Saturn im formlosen und ungreifbaren 12. Haus uns möglicherweise jeden Zugriff auf die Dinge vorenthält und wir unsere Steuerung und Richtung verlieren. Natürlich gibt es Menschen, die das auch tatsächlich so erleben. Saturn durch das 12. Haus muss allerdings überhaupt kein Drama auslösen – diese Zeit kann sogar eine ganz besondere sein. Auch hier können uns Kinder vortrefflich zeigen, worum es geht.

Als unser Sohn gerade acht Jahre alt geworden war, lief Saturn in sein 8. Haus. Er hatte immer mit viel Freude Märchen und Sagen gelesen und kannte sowohl die griechisch-römische als auch die nordische Mythologie so ziemlich aus dem Kopf. In der Woche, als Saturn auf die Spitze seines 12. Hauses lief, stand er plötzlich mit einer ganz dringenden Frage vor mir: »In Griechenland gab es Götter, aber Wotan und Thor und all die anderen sind doch auch Götter. Haben wir auch hier einen Gott? An wen müssen wir denn nun beten?« Das 12. Haus wurde von Saturn aktiviert und bei diesem Achtjährigen trat ein religiös-philosophisches Thema in den Vordergrund. In dem Gespräch, das wir anschließend über Gott, die Natur und das Leben führten, war er auch sehr offen und empfänglich, und in den darauf folgenden Wochen bemerkte ich, dass ihn all das sehr beschäftigte. Von einem wirklichen Problem konnte hier nicht die Rede sein, es ging vielmehr um ein Thema, das sich seinem Bewusstsein in hohem Maße aufgedrängt hatte.

Saturn lief aber noch einmal, nur für kurze Zeit, in sein 11. Haus zurück, um danach wieder die Spitze des 12. Hauses zu erreichen. Mein Sohn kam neuerlich zu mir und diesmal bat er mich um zwei Dinge: einen großen Farbmalkasten – er wollte mehr malen – und ein Musikinstrument spielen zu dürfen. Er bekam seinen Malkasten, und er entschied sich für ein Akkordeon.

Religion, Natur, Zeichnen, Malen und Musik sind Dinge, die hervorragend zum 12. Haus passen. Und auf natürliche und selbstverständliche Weise meldete sich bei ihm das Bedürfnis, sich mit diesen Dingen zu befassen, als Saturn die Spitze seines 12. Hauses passierte. Beide Male geschah das sogar genau in der Woche, in der Saturn auf der Spitze stand (Placidus Häusersystem)! In den Jahren, in denen Saturn durch sein 12. Haus lief, habe ich bei ihm eher wenig Chaos oder Richtungslosigkeit erlebt, mit Sicherheit war es keine düstere Zeit.

Das 12. Haus hat als Wasser-Haus mit unseren Gefühlen zu tun. Es geht aber um Gefühle, die neben persönlichen Dingen auch mit tiefgründigen Themen oder mit Dingen zu tun haben, die nicht nur uns selbst betreffen, sondern allgemeinmenschlicher Art sind. Darum fallen Begriffe wie Religion und das Erleben von Einheit ebenso unter das 12. Haus wie das Gefühl von Verbundenheit mit der Natur, dem Leben und dem Kosmos. Da sich das 12. Haus als Wasser-Haus in Bildern und Gefühlen ausdrückt, sind natürlich auch Kunst und Musik ein passendes Medium. Aber auch das Arbeiten mit Bildern in Form von Träumen, Visionen, Symbolen und dergleichen gehören zum 12. Haus. Wenn nun Saturn durch das 12. Haus läuft, wird er diese Themen nicht nur auf positiver Ebene aktivieren, man wird ebenso spüren, welche Entscheidungen man in der Vergangenheit in Bezug auf diese Themen, bewusst oder unbewusst, getroffen hat.

Haben Sie sich zwanghaft an eine Kirchengemeinschaft angeschlossen, aus Angst vor dem Leben? Oder sind Sie blindlings hinter einem Guru oder einem Sektenführer hergelaufen? Dann wird Saturn uns im 12. Haus in diesen Bereichen mit Erfahrungen konfrontieren, die uns ins Zweifeln bringen, so als würde er uns den Boden unter den Füßen wegziehen. Saturn durch 12 schickt uns auf die Suche nach echtem inneren Halt, und er greift in diesem Sinn mit Freude all unsere Projektionen auf – wohingegen im positiven Sinn genau das Entgegengesetzte passieren kann, dass man Interesse an Fragen religiöser und spiritueller Art entwickelt, und man sich auf den Weg macht, in diesen Bereichen seine eigene Tiefe und seine eigenen Gefühle zu erfahren. Das kann beinhalten, dass man einen anderen Weg einschlägt als den, den man erlernt hat, oder dass man bestimmte Schriften oder Lehren anders interpretiert als normalerweise üblich, weil man es eben auf seine eigene Weise so fühlt. Saturns Frage ist hier nicht, ob man seinen mentalen Auffassungen treu bleibt (diese Frage gehört zu den Luft-Häusern), sondern vielmehr, ob man dem, was man fühlt, treu bleiben kann. Das Unbewusste spricht in Bildern, und wenn bestimmte Bilder oder Themen uns berühren, spiegeln sie eine Wahrheit wider, die zu uns gehört. Diese Wahrheit muss nicht verteidigt oder in Worte gefasst werden – im 12. Haus liegt der Nachdruck auf Fühlen und Erleben. Etwas, das uns gefühlsmäßig anspricht, ist wertvoll für uns. Wichtig ist dann natürlich, dass man sich traut, seinem Gefühl wirklich nahe zu kommen! Und das hängt unter anderem auch damit zusammen, wie man dem Transit von Saturn durch das 8. Haus Form geben konnte sowie damit, wie man verborgene und schlummernde Probleme damals angepackt hat. Wenn wir unserer eigenen Problematik aus dem Weg gegangen sind oder sie verleugnet haben, können unsere Gefühle nämlich entweder verdeckt oder aber verzerrt sein. In diesen Fällen kann ein Saturntransit durch das 12. Haus eine schwierige und deprimierende Zeit darstellen, und man leidet möglicherweise unter Einsamkeit und Verlassenheitsgefühlen, glaubt sich im Stich gelassen oder findet sich nicht mehr zurecht. Wenn man dem zu entfliehen versucht, indem man alles

Mögliche unternimmt, scheint es so, als ob das irgendwie nicht sein dürfte. Es passiert eine Menge, nur nicht das, was man gerne hätte – fast so, als wären ungreifbare Gegenkräfte am Werk. Entweder hat man das Gefühl, sich nicht verständlich machen zu können, oder aber, dass die Dinge, die man tut, nicht den gewünschten Effekt haben. Wenn man arbeitslos ist, scheint es schwieriger zu sein, eine Anstellung zu bekommen, sogar in ökonomisch guten Zeiten. Nichts lässt sich erzwingen oder aber alles läuft anders, als man glaubt. Hinzu kommt, dass man selbst jetzt auch leichter eine Rolle bei Missverständnissen spielt, oder dass man in Dinge verwickelt wird, bei denen unausgesprochene Probleme mitwirken. Vielleicht bekommt man es aber auch mit Klatsch zu tun. *Heimliche* Feinde gehören zum 12. Haus, aber in den meisten Fällen scheint unser eigenes Unverständnis für das, was passiert und was notwendig ist, unser größter Feind zu sein!

Diese Erfahrungen sind sehr unterminierend für Menschen, die sich in ihrem Wohlbefinden von der Außenwelt abhängig gemacht haben sowie für diejenige, die sich nur wohl fühlen können, wenn sie alles selbst in der Hand haben und die Dinge genauso verlaufen wie geplant. Das Gefühl, dass einem all das entgleitet, ist dann sehr bedrohlich und zwingt uns zu der Frage, woher unsere Ängste kommen. Beim 12. Haus geht es nicht einmal so sehr um das Vertrauen in sich selbst, sondern mehr noch um das Vertrauen in das Leben an sich. Wenn die Dinge nicht mehr zu kontrollieren sind, fällt man möglicherweise in ein schwarzes Loch. Ist keine Sicherheit mehr gewährleistet und hat man niemals gelernt, mit Unsicherheit umzugehen, wird Saturn durch 12 zu einer regelrechten Heimsuchung. Gerade jetzt besteht aber die große Lektion darin, das zu erkennen und zu erfahren, was das I Ging schon seit Jahrhunderten weissagt: *Das Einzig sichere ist, dass sich alles verändert.* Genau das lässt uns das 12. Haus in jeder Hinsicht spüren, indem es uns mit Dingen konfrontiert, die wir eben nicht kontrollieren können. Das wirkt sich im Großen und im Kleinen aus. Um ein Beispiel zu nennen: Wim Kok war Finanzminister in dem Kabinett, das in der turbulenten Zeit nach dem Fall der Berliner Mauer an der Regierung war. Dieses Ereignis hatte tief greifende Folgen für die deutsche Wirtschaft, für die ökonomischen Verhältnisse in Europa und damit auch für die Ökonomie der Niederlande. Die finanziellen Ausgangspunkte des Kabinetts erwiesen sich als kaum noch gültig und es trat eine deutliche Verschlechterung ein. Wenn innerhalb der Niederlande etwas geschehen wäre, hätte die Regierung versuchen können, einzugreifen. Die Ursache lag aber in einem unwiderruflichen und einschneidenden Prozess außerhalb unserer Grenzen. Kok musste sich als Finanzminister mit der Tatsache abfinden, dass er mit Prozessen zu tun hatte, die er nicht kontrollieren konnte, die aber große Folgen für den finanziellen Handel und Wandel der Niederlande zeitigten. In dieser Periode hatte Kok einen Saturntransit durch 12.

Für gewöhnlich durchschaut man kaum, was sich in unserem Unbewussten verändert, sobald Saturn durch unser 12. Haus läuft. Oft wird man viel schneller müde als zu anderen Zeiten, man sitzt länger träumend herum und die Gedanken schweifen sehr schnell ab. Das erweckt den Anschein von *Nichtstun*, ein gewichtiges Wort in einer Gesellschaft, in der Leistung die Norm ist. Allerdings ist das, was da geschieht, alles andere als Nichtstun! Saturn ist knallhart an der Arbeit, aber unser Bewusstsein bekommt das nicht mit. Man wird deshalb schneller müde, weil ein großer Teil der uns zur Verfügung stehenden Energie in unser Unbewusstes fließt, wo unser Tun auf Verarbeitung ausgerichtet ist, d.h. die Dinge zu ordnen und einen Strich unter alte Rechnungen zu ziehen. Wenn Saturn durch 12 läuft, träumen wir für gewöhnlich auch mehr, und die Symbole unserer Träume, Tagträume, Phantasien, Imaginationen und Visionen weisen uns den Weg – vorausgesetzt, man ist offen für deren Sprache. Falls man Träume lediglich als »Schäume« abtut, verzichtet man in dieser Periode auf ein sehr wichtiges Instrument, um diese Zeit gut zu überstehen!

Ohne dass wir es merken, ist diese Zeit die Vorbereitung auf ein neues Leben. Wie bei einer Schwangerschaft der Fötus noch im Verborgenen ruht, ist auch hier die Rede von einem Wachstumsprozess, der bald zur Entfaltung neuer Kapazitäten, zur Geburt einer erneuerten Persönlichkeit führen kann – jedenfalls dann, wenn man an dem inneren Prozess mitarbeitet, was bedeutet, dass uns Saturn in erster Linie um Geduld bittet. Geben Sie Ihrer Müdigkeit ein wenig nach, gönnen Sie sich etwas mehr Ruhe, wehren Sie sich nicht gegen aufkommende Bilder und suchen Sie nach einem Ventil für die Gefühle, die in Ihnen aufsteigen. Ihre Gefühlsseite will Beachtung finden und sich jetzt auch ausdrücken können. Nicht auf eine persönliche Weise von Individuum zu Individuum, sondern tiefer und verinnerlichter. Von daher ist es vernünftig, in dieser Periode etwas mit kreativem Ausdruck wie Musik oder Kunst anzufangen. Gehen Sie aber nicht mit der Zielsetzung daran, in Zukunft ein großer Künstler oder Musiker zu werden. Saturn durch das 12. Haus verträgt keinerlei Leistungsdruck. Er gedeiht nur, wenn er sein eigenes, ungeschminktes Gefühl erleben und erfahren darf. Freier Ausdruck, auch im Tanz, wäre hier ideal. Geben Sie dem eine Form, lassen Sie sich davon mitziehen und genießen Sie es! Das wird, ohne dass Ihnen das anfänglich bewusst ist, einen starken positiven Einfluss auf die Verarbeitungsprozesse haben, die sich in dieser Zeit in Ihrem Unbewussten abspielen.

Auch andere Themen, die mit unserem bildhaften Denken oder mit unbewussten Prozessen zu tun haben, können sich jetzt in den Vordergrund schieben. Das können Dinge sein wie Hypnose und Traumdeutung, die Symbolik von Märchen und Mythen, vergleichende Religionswissenschaft und auch bestimmte Formen alternativer Heilkunde. All das dient dem Ziel der inneren Bereicherung und nicht der Leistung in der Außenwelt (was sich übrigens später durchaus in diese Richtung entwickeln kann, bis hin zu der Möglichkeit, sein Brot mit dem zu verdienen, was man in dieser Periode an Einsichten und Gefühlen aufbaut).

Saturn wird auch im 12. Haus schauen, ob wir wirklich aufrichtig die Dinge wollen, die wir für uns selbst entwickelt haben. Paradoxerweise kann Saturn, wenn er durch dieses Haus der Stille läuft, für einen geradezu ohrenbetäubenden Lärm sorgen. Man hat ein Bedürfnis nach Ruhe und Stille und will mit diesem Transit nicht allzu viel Radau erleben müssen. Man würde sich lieber gemütlich mit einem Buch zurückziehen oder in der Stille der Natur spazieren gehen, am Strand über etwas nachsinnen, malen oder Musik hören. All das möchte man zwar gerne, aber versuchen Sie einmal, sich dafür Zeit frei zu halten! Ich war selbst oft erstaunt darüber, wie sehr Saturn in diesem Haus Extreme mit sich bringt. Einerseits begegneten mir Menschen, die von Natur aus ein sehr aktives Leben führten und schon immer viel unternommen hatten, für die es beim Saturntransit durch das 12. Haus stressiger zuging als jemals zuvor; notgedrungen mussten auch allerlei Ruhestörungen in Kauf genommen werden. Es bestand kaum die Möglichkeit, die Stille, nach der sie sich so sehr sehnten, tatsächlich zu erleben. Andererseits sind mir Menschen begegnet, in deren Leben eigentlich kaum etwas passierte. Für sie war der Transit von Saturn irgendwie der Höhepunkt der »Stille«: keinen Arbeitsplatz, es kam kaum einmal jemand zu Besuch – man hatte auch wenig Lust, sich selbst auf den Weg zu machen. All das führte dazu, dass die Tage in fast tödlicher Ruhe verstrichen. Diese Menschen hatten so viel Stille um sich, dass sie sich von ihr angegriffen fühlten.

Bei keiner dieser beiden Gruppen schien sich die Stille als das eigentliche Thema des 12. Hauses auf ausgewogene Weise zu zeigen. Die erste Gruppe kämpfte darum, sich ein Minimum an Ruhe zu verschaffen, die zweite Gruppe musste darum ringen, in der Ruhe nicht unterzugehen.

Saturn zeigt uns hier die Folgen unserer Entscheidungen. Können Sie bei ständigem Stress das Gas auch einmal zurücknehmen? Haben Sie noch den Raum, die Klänge der Stille und die Stimme Ihres Unbewussten zu hören? Oder laufen Sie an sich selbst vorbei? Nehmen wir die zweite Gruppe: Wie kommt es, dass Sie niemanden mehr treffen? Wie sieht es mit Ihrer Verbundenheit zu anderen Menschen und zum Leben aus? Saturn zeigt jetzt auf, dass es an der Zeit ist, genau daran etwas zu tun. Allerdings wird bei diesen Beispielen, und zwar bei beiden Gruppen, deutlich, dass es kein eindeutiges Rezept gibt. Für jeden Menschen gibt es einen anderen Weg.

Mir ist noch aufgefallen, dass viele Menschen beim Saturntransit durch ihr 12. Haus, ausgerechnet dann, wenn sie eigentlich keinen Trubel haben wollen, auf einmal in einem Umbau oder einem Umzug stecken, an dem sie aufgrund äußerer Umstände auch nicht vorbeikommen konnten. Da sitzt man dann in einem unmöblierten Haus, umgeben von Durcheinander, in dem nichts mehr zu finden ist. Hier scheint Saturn darauf hinzuweisen, dass es nur eine einzige Möglichkeit gibt, überhaupt noch zurechtzukommen und das ist: einen Ruhepunkt in sich selbst zu finden. Anders ausgedrückt: allen Zwang und alles Organisieren loszulassen und alles so geschehen zu lassen, wie es kommt. Es geht darum, die Dinge zu relativieren und sich auf das einzulassen, was geschieht. Auf diese Weise verliert man so wenig Energie wie möglich, außerdem stören uns die Dinge auch nicht mehr übermäßig. Mit einer anderen Einstellung kann man im gleichen Durcheinander dann doch noch die ersehnte Ruhe finden. Es geht also nicht so sehr um Stille im Außen, sondern um eine innere Haltung der Ruhe. Dann kommt man auch mit gefühlsmäßig schwierigen Dingen zurecht. Aufgrund der Tiefe, die man nun erleben kann, strahlt man Ruhe und Besonnenheit aus, was immer auch geschehen mag. Es ist verständlich, dass wir, wenn Saturn Jahre später ins 4. Haus läuft, aus dieser Haltung heraus innerlich stark sind und ein eigenes gefühlsmäßiges Zentrum gefunden haben, in das wir zurückkehren können, falls es im Außen oder auf emotionaler Ebene einmal nicht so gut läuft. Möglicherweise haben wir dann mit vielen Problemen weniger Mühe.

Es gibt aber auch Menschen, die diese Stille nur meistern können, wenn sie dafür sorgen, dass es niemals still wird. Das Radio und besonders das Fernsehen dienen hier leicht als Fluchtwege, aber auch das endlose Surfen im Internet oder die Sucht nach Computerspielen kann zur Betäubung unserer Gefühle dienen, so dass man nicht mehr so sehr unter der Stille leidet. Man kann sein Unbewusstes aber nicht zum Narren halten, und das heißt, dass sich allmählich doch unruhige Gefühle breit machen, die später, manchmal sehr viel später, nach außen treten. Der Transit von Saturn durch das 4. Haus wird diesen Faden wieder aufnehmen und uns mit der Unruhe in unseren Gefühlen konfrontieren.

In unserer Gesellschaft schätzen wir die Arbeit, die von Freiwilligen übernommen wird. Diese Menschen setzen sich ohne Bezahlung für einen guten Zweck ein. Minderbemittelten und Menschen in Not zu helfen, ist eine wichtige Tugend. Dem 12. Haus wird traditionellerweise die soziale Fürsorge zugeschrieben, ebenso Hilfsaktionen für die Dritte Welt, für Arme, Abhängige, Obdachlose und so weiter. Außerdem fallen unter das 12. Haus auch Krankenhäuser, Kliniken und Gefängnisse. Bei Saturn durch das 12. Haus brauchen wir aber keine Angst davor zu haben, im Gefängnis oder im Krankenhaus zu landen oder sogar zum Patienten der Psychiatrie zu werden, um nur einige schreckliche Dinge aufzuzählen. Obwohl dergleichen manchmal behauptet wird, habe ich selbst so etwas noch nie erlebt. Wohl aber können wir direkt oder indirekt mit Dingen konfrontiert werden, die mit kollektiven Problemen, kollektiver Fürsorge, Umweltproblemen und Ähnlichem zu tun haben. Saturn durch 12 kann uns auf diese Weise helfen, unser eigenes Leben zu relativieren, er kann uns helfen, Mitgefühl und Mitleid zu empfinden. Er kann aber auch das Risiko beinhalten, sich dermaßen in Sozialarbeit und ehrenamtliche Tätigkeiten zu flüchten, dass man zu viel Stress um die Ohren hat, um das eigentliche Ziel dieser Periode zu verfolgen, nämlich sowohl einen tieferen Kontakt zu seinen individuellen Gefühlen zu finden als auch einen inneren Kontakt zu allgemeinmenschlichen Empfindungen aufzubauen.

Saturn durch das 12. Haus kann uns in positivem Sinn der Natur sehr nahe bringen; wenn unsere Gefühle noch offen dafür sind, werden wir von dem Kontakt mit der Natur wirklich profitieren können, ob wir nun Blumenzwiebeln im eigenen Garten setzen oder eine Bergwanderung unternehmen. Besonders Menschen, die versucht haben, einem tiefen und verbindenden Kontakt mit anderen aus dem Weg zu gehen – aus welchen Gründen auch immer: aus Angst, Abwehr oder aufgrund von Kindheitsproblemen –, können in dieser Periode dazu neigen, sich aus der Welt zurückzuziehen. An ihrem Arbeitsplatz können sie übrigens noch sehr gut funktionieren, und trotzdem spürt man, dass sie weniger »dabei« sind. Sie erledigen ihre Arbeit zwar so, wie es sich gehört, aber irgendwie sind sie nicht voll anwesend. Oft kommt es vor, dass diese Menschen sich ein Haustier anschaffen und sich völlig darauf fixieren, oder, wenn sie bereits ein Haustier besitzen, messen sie ihm eine sehr wichtige Rolle in ihrem Leben bei. (Auffällig ist, dass viele Menschen, die Probleme damit haben, anderen gegenüber ihre Gefühle zum Ausdruck zu bringen, mit Tieren oft sehr gut zurecht kommen). Hier besteht aber die Gefahr, dass dieser Rückzug eine weitere Flucht ist und nicht zu dem so sehr ersehnten Gleichgewicht führt.

Eine andere Form ist die in der Phantasie auftauchende sprichwörtliche »einsame Insel« bei Menschen, die übermäßig stark in Berufs- und Alltagsleben verstrickt sind. Mit Saturns Lauf durch das 12. Haus ist diese Phantasie ein Symbol für den Wunsch, sich zurückzuziehen und den Kopf von allem frei zu haben. Oft verbirgt sich aber dahinter ein ganz anderes Bedürfnis. In unserer getriebenen Gesellschaft ist es sehr schwierig, gefühlsmäßig bei sich selbst zu bleiben. Man kann sich allzu leicht verlieren. Vielleicht konnte man auch als Folge seiner Erziehung und Ausbildung noch nie wirklich fühlen, wer man eigentlich ist und was man will. Die Sehnsucht nach Einsamkeit, nach einer unbewohnten Insel, einer einsamen Hütte oder »so nebenbei« einem zweiten Haus in Frankreich, kann auch sehr gut mit dem Drang zu tun haben, in ein Leben zurückzukehren, in dem uns äußere Einflüsse nicht ablenken und wir uns auf unsere eigenen Wünsche und Sehnsüchte sowie die Frage konzentrieren können, wer man eigentlich ist. Menschen mit Saturn im 12. Haus, die überarbeitet oder ausgebrannt sind, tun gut daran, vor allem diesen Gefühlskontakt mit sich selbst wiederherzustellen, denn hier liegt oft die Ursache für ihre zeitweiligen Einbrüche.

Saturn durch 12 ist eine Zeit vieler Paradoxe. Unbemerkt wird innerlich vieles in Frage gestellt, um Platz für Neues zu schaffen. Oder es geht um Dinge, die verändert und angepasst werden wollen. Da man das aber selbst nicht sieht, erlebt man vor allem ein Stückchen Desorientierung, was man übrigens sehr gut auffangen kann, indem man Raum schafft für die kreative Beschäftigung mit den Themen des 12. Hauses. Auch diejenigen, die offen dafür sind, an ihrem Schatten und ihren Problemen zu arbeiten, können nicht verhindern, dass sie sich ab und zu im Ungewissen fühlen und manchmal auch überempfindlich und verletzbar sind. Das 12. Haus hilft uns wie kein anderes dabei, definitiv mit der Vergangenheit abzurechnen, und zwar auf einer tieferen Ebene. Und doch müssen wir auch den Auftrag, unseren inneren Ruhepunkt zu suchen, erfüllen.

Der rote Faden durch die Wasser-Häuser

Weiter oben haben wir bereits gesehen, dass das Ausmaß, in dem wir emotionale Ruhe und Geborgenheit in uns selbst finden und entwickeln können, mit unseren Erfahrungen und Handlungen bei Saturns Lauf durch 8 zusammenhängt (und diese werden wiederum durch das beeinflusst, was beim Saturntransit durch das 4. Haus passiert ist). Es ist sehr gut möglich, dass man bei Saturn durch das 12. Haus Dinge zu verarbeiten hat, die mit der Jugend (4. Haus), der frühen Kindheit und der Vergangenheit (12. Haus) zu tun haben. Auch unsere Abstammung kann eine Rolle spielen, wobei uns Saturn durch das 12.

Haus möglicherweise mit Menschen in Kontakt bringt, die unsere Vorfahren kannten. Die Wasser-Häuser haben mit unserer emotionalen Basis und unserer emotionalen Stabilität zu tun. Sie verbinden die Themen, die mit der Formgebung und dem Äußern von Gefühlen im intimen Kreis (4. Haus), der Verarbeitung von Problemen, die unsere Gefühle verschlossen haben (8. Haus) und dem Erleben und Formgeben tieferer Gefühle, auch gegenüber dem Kollektiv (12. Haus), zu tun haben. Bei Saturn durch das 12. Haus kann man immer noch mit der Bewältigung der Probleme aus 8 beschäftigt sein – eine Therapie ist bei Saturn durch 12 oft eine gute Sache. Sogar die Verarbeitung von Kindheitsproblemen und eventuellen Schwierigkeiten mit den Eltern (4. Haus) können in 12 noch gut angegangen werden. Sich diesem Prozess zu stellen, hilft uns nicht nur dabei, Gefühlssituationen, in die wir geraten könnten, besser zu durchschauen, sondern auch Manipulationen auf die Spur zu kommen. Dadurch lernen wir besser zu entscheiden, was wir tun müssen oder lieber unterlassen sollten. Viele Jahre später, wenn Saturn durch 4 laufen wird, ist man dann gut gerüstet, um eventuellen Problemen ruhig und gelassen entgegenzutreten. Man ist auch in der Lage die Grenze zu ziehen, wie weit ein Problem zu uns gehört und von wo an es in Wirklichkeit das der anderen ist.

Der rote Faden durch die beweglichen Häuser

Bewegliche Häuser testen unsere Flexibilität und Saturn neigt bei seinem Lauf durch das 12. Haus dazu, uns mit einer Vielzahl von Bildern und Gefühlen, manchmal auch Ängsten, Unsicherheit und Unruhe zu überfluten, womit er unser Gefühl, einen Halt zu haben, unterminiert. Gerade weil man einerseits so viel Druck aus dem Unbewussten erfährt und andererseits weniger Halt findet und die Dinge kaum steuern oder erzwingen kann, wird hier unsere innere Flexibilität bis zum Äußersten getestet. Können

Sie der Strömung nachgeben? Sind Sie in der Lage, sich ruhig dem zu überlassen, was sich ergibt und ruhig abzuwarten, was es Ihnen bringen wird? Ob wir das können, wird mit von der Frage abhängen, ob wir bei Saturn durch das 9. Haus das Leben noch als sinnvoll erfahren konnten. Obwohl Saturn in 9 uns lehren wollte, sich konkrete Ziele zu setzen und wir jetzt spüren, dass wir diese nur teilweise erreichen können, genügt es, dass wir im 9. Haus von innen her noch einen Sinn und eine Vision entwickeln konnten, um allen Veränderungen und Unsicherheiten mit positiver Hingabe zu begegnen. Denn auch im 9. Haus hatten wir mit Flexibilität zu tun. Damals wurden wir auf unserem Weg mit allerlei gegensätzlichen Meinungen und Sichtweisen konfrontiert. Ließen wir uns ablenken? Suchten wir äußeren Halt? Je mehr wir gelernt haben, bei Saturn durch 9 auf unsere eigenen Werte zu hören und uns nicht hin und her reißen ließen, desto besser sind wir jetzt in der Lage, uns von unseren inneren Bildern nicht durcheinander bringen zu lassen. Das wird uns eine große Hilfe sein, wenn wir es bei Saturns Lauf durch 3 mit Meinungsverschiedenheiten zu tun bekommen. Dann können wir bei unseren eigenen Gedanken bleiben und haben auch aufgrund der positiven Entwicklung von Saturn durch 12 ein vertrauensvolles Gefühl. Und die positive Hingabe sowie das Hinnehmen des Laufs der Dinge können sogar dafür sorgen, dass wir es viel gleichmütiger ertragen, wenn beim Saturntransit durch 3 beispielsweise immer wieder jemand unseren Parkplatz besetzt. Denn so laufen die Dinge nun einmal.

Das Oppositions-Haus

Saturn durch das 12. Haus kann als Fluchtverhalten dazu führen, dass wir sehr viele alltägliche und konkrete Verpflichtungen auf uns nehmen, für gewöhnlich im Bereich sozialer Arbeit. Das kann Folgen für unsere übrigen Verpflichtungen haben, für unseren Beruf oder für unsere Gesundheit. Andererseits kann jemand, der demotiviert ist, bei diesem Transit sehr viel Energie verlieren und sich dadurch allerlei vage gesundheitliche Beschwerden einhandeln, häufiger zusätzliche Urlaubstage nehmen oder sich auf andere Weise im Alltag nicht mehr wohl fühlen. Ich habe erlebt, dass Kinder bei diesem Transit in Situationen, in denen zu Hause aufgrund unausgesprochener Dinge eine beklemmende Atmosphäre herrschte oder wo ein Elternteil psychische Probleme hatte, oft tatsächlich krank wurden (das sind vor allem Krankheiten, die schleppend verlaufen und mit Müdigkeit und Energiemangel einhergehen). Das Kind mit Saturn durch 12 hat dafür eine etwas sensiblere Antenne und die Reaktion liegt dann oft im 6. Haus: ein vermindertes Funktionieren in der objektiven Wirklichkeit. Manchmal erweist sich in solchen Fällen eine Veränderung der Umgebung und der Atmosphäre geradezu als Wunderheilmittel!

Auch wenn man nicht berufstätig ist, gibt es Dinge, die einfach getan werden müssen, beispielweise einkaufen gehen, sich versorgen, das Haus sauber halten und dergleichen. Falls sich Saturn durch das 12. Haus negativ auswirkt, ist unser Energieeinsatz für diese Dinge nicht wirklich groß. Aber nur in sehr ernsten Fällen kann es zur Verwahrlosung kommen.

Bei einer Flucht in eine bestimmte religiöse Richtung kann (zeitweise) der Blick auf die objektive Wirklichkeit des 6. Hauses verstellt sein und es können sich utopische oder andere Sichtweisen einschleichen, die sich letztlich vor allem für den Betroffenen selbst als unterminierend erweisen.

Derjenige aber, der bei Saturn durch das 12. Haus seine eigene innere Ruhe finden kann, wird spüren, dass er sich auch in der Wirklichkeit des Alltags – an seinem Arbeitsplatz oder beim Einkaufen – weniger ablenken lässt und besser bei sich selbst bleiben kann. Am Arbeitsplatz kann das bedeuten, dass wir viel besser mit subtilen oder unterminierenden Situationen umgehen können, und im Supermarkt heißt das, dass Reklame und sonstige Manipulationen uns wesentlich weniger beeinflussen.

Der Einfluss auf das folgende Haus

Bei der Besprechung des 1. Hauses habe ich schon deutlich gemacht, dass eine Verarbeitung von Gefühlen und Bildern beim Saturntransit durch das 12. Haus dazu führt, dass man plötzlich die Dinge wieder in den Griff bekommt, wenn Saturn durch das 1. Haus läuft. Man kann sich wieder Ziele setzen, die Dinge werden viel klarer, lassen sich wieder konkret anpacken und man trägt auch weniger Ballast mit sich herum als vorher. Ein innerer Ruhepunkt sowie gefühlsmäßige Stabilität helfen uns sehr dabei, gut und flexibel in der Außenwelt zurechtzukommen und man selbst zu bleiben.

Auch bei einer negativen Entwicklung während Saturns Lauf durch 12 werden wir etwas mehr Zugriff auf die Dinge haben, wenn Saturn ins 1. Haus läuft. Da aber kein inneres Vertrauen hat wachsen können, kann das im 1. Haus natürlich auch nicht in die äußere Haltung eingebracht werden. Unsere gefühlsmäßige Unsicherheit wird sich daher in unserer Haltung ausdrücken, sobald Saturn uns im 1. Haus fragt, wo wir in Bezug auf die Außenwelt stehen.

Wenn man bei Saturn durch 12 wirklich zu relativieren gelernt hat, ist man in der Lage, sich selbst bei Saturn durch das 1. Haus mit mehr Humor zu betrachten, und das vermittelt enorm viel Ruhe!

Übersicht der Beziehungen zwischen den Häusern

Wie wir bereits in der Einleitung sahen, sind die Häuser des Horoskops auf verschiedene Weise miteinander verbunden und sie beeinflussen sich gegenseitig, sogar dann, wenn im Geburtshoroskop selbst keine Verbindung zwischen den betreffenden Häusern besteht. Die Zusammenhänge ergeben sich aus der Art der Häuser selbst. Bei der Deutung des Transits von Saturn durch die Häuser konnten wir sehen, wie sich das in der Praxis darstellt. In diesem Kapitel will ich kurz die verschiedenen Zusammenhänge charakterisieren, was dabei helfen soll, die Deutung dieses Transits schneller in den Griff zu bekommen.

Das zugrunde liegende Thema, das von Saturn aufgegriffen wird, wird von den Häusern eines Elements bestimmt, wobei das Element die umfassendere Tendenz darstellt, die sich in jedem der drei beteiligten Häuser auf eine spezifische Weise auswirkt. Es gibt vier Elemente, aufgrund dessen können wir vier *rote Fäden*, vier Grundthemen benennen:

Feuer: Häuser 1, 5 und 9: Thema: Selbständigkeit
Erde: Häuser 2, 6 und 10: Thema: Umgang mit der konkreten Wirklichkeit
Luft: Häuser 3, 7 und 11: Thema: Kontakt und Kommunikation
Wasser: Häuser 4, 8 und 12: Thema: Gefühle erleben und äußern.

Die Häuser, die zum selben Kreuz gehören, zeigen an, wie wir das *Thema* des Elements zum Ausdruck bringen und gestalten, vor allem auch, worauf unsere Energie im Zusammenhang mit diesem Thema am meisten ausgerichtet ist: auf unsere Innenwelt, auf die Außenwelt oder auf die Bewegung zwischen innen und außen. Die Häusergruppen, die zu einem der drei Kreuze gehören, können wir folgendermaßen charakterisieren:

Kardinal: Häuser 1, 4, 7 und 10: ausgerichtet auf Interaktion mit der Außenwelt und die Rolle, die wir darin spielen;

Fix: Häuser 2, 5, 8 und 11: ausgerichtet auf Interaktion mit unserer Innenwelt und Verarbeitungsprozesse;

Beweglich: Häuser 3, 6, 9 und 12: unsere Fähigkeit zu Veränderung und Anpassung.

Bei den kardinalen Häusern richtet sich die Aufmerksamkeit nach außen. Bei den Erfahrungen, die man in einem kardinalen Haus macht, spielt die Außenwelt eine wichtigere Rolle als in den anderen Häusern. Natürlich kommt man in allen Häusern mit einem Teil der Außenwelt in Kontakt, bei den kardinalen Häusern ist man aber selbst am meisten darauf ausgerichtet, weshalb man auch am empfindlichsten für Reaktionen von außen ist.

Jedes Haus gehört außerdem einem bestimmten Element an und innerhalb jedes Elements ist eines der Häuser ein kardinales. Dies ist das Haus innerhalb der Elementengruppe, die das Element mit der Außenwelt konfrontiert.

In den fixen Häusern haben wir es mit heftigen Reaktionen aus unserer Innenwelt, besonders aus unserem Unbewussten, zu tun. Diese Häuser können nicht nur innere Spannungen hervorrufen, sie sind auch äußerst konfrontierend. Jedes Element hat ein Haus, das dem fixen Kreuz angehört. In diesem Haus kann Tiefgang erreicht werden, man spürt aber auch die Frustration im Zusammenhang mit diesem Element.

Mit den beweglichen Häusern hängt das Ausmaß zusammen,

inwieweit wir flexibel sein können. Sie sind eine Widerspiegelung unserer Fähigkeit zu Anpassung und Veränderung. Daher herrscht in den beweglichen Häusern immer eine gewisse Unruhe. In diesen Häusern sehen wir die Vorbereitungen für spätere Veränderungen und Entwicklungen; und wir werden in jedem Fall auch eine Form von Loslassen erfahren. Jedes Element hat wieder ein Haus in der beweglichen Gruppe, und dieses Haus drückt für dieses Element dann die Veränderungs- und Anpassungsprozesse aus.

Fügen wir Elemente und Kreuze zusammen, erhalten wir folgende, sehr gekürzte Zusammenfassung vom Kern dessen, worum es in den Häusern und damit auch bei den Herausforderungen geht, vor die der Transit Saturns uns stellt:

1. Haus: Feuer und kardinal

Das Thema Selbständigkeit und das Erleben der eigenen Kraft und Autorität müssen in der Außenwelt zum Ausdruck gebracht werden. Wir erfahren Reaktionen auf unsere Art aufzutreten, auf unsere Haltung und Kleidung. Wie sicher stehen wir auf unseren eigenen Füßen?

2. Haus: Erde und fix

Das Thema konkrete Sicherheit und der Umgang mit der alltäglichen Wirklichkeit muss von innen kommen. Von daher stellt sich die Frage nach unserer Motivation.

3. Haus: Luft und beweglich

Unsere Kontakte und unsere Kommunikation haben mit Veränderung und Bewegung zu tun. Die Art, wie wir reden und denken, wird im Austausch mit der Art anderer Menschen konfrontiert. Dadurch stellt sich die Frage, ob wir uns anpassen, verändern und zurechtbiegen müssen oder nicht. Also viel Unruhe im mentalen Bereich.

4. Haus: Wasser und kardinal

Das Thema Gefühle erfahren und erleben muss in der Außenwelt zum Ausdruck kommen, von daher ist man auf die nähere Gefühlsumgebung ausgerichtet. Man erfährt Reaktionen auf seine Art, Gefühle auszudrücken, sowie auf die Art und Weise, wie man umsorgt und pflegt. Wie gehen Sie mit Ihren eigenen Gefühlen und mit denen anderer Menschen um?

5. Haus: Feuer und fix

Das Thema Selbständigkeit und das Erleben eigener Autorität muss jetzt von innen heraus kommen. Wie sicher fühlen wir uns in uns selbst; können wir uns selbst wirklich akzeptieren? Oder richten wir uns schwerpunktmäßig darauf aus, im Außen gegen den Strom zu schwimmen?

6. Haus: Erde und beweglich

Das Thema konkrete Sicherheit und der Umgang mit der alltäglichen Wirklichkeit wird mit der Frage nach Veränderung und Anpassung konfrontiert. Wie gehen wir mit objektiven Maßstäben und Kritik um? Hier besteht die Gefahr, sich in allerlei kleine konkrete Details zu verstricken.

7. Haus: Luft und kardinal

Unsere Kontakte und unsere Kommunikation werden in der Außenwelt einer Prüfung unterzogen. Wie abhängig sind wir von den Sichtweisen und Ansichten anderer? Können wir auch bei einem direkten Kontakt bei unserer eigenen Betrachtungsweise bleiben?

8. Haus: Wasser und fix

Das Thema »Gefühle erfahren und erleben« ist auf unsere Innenwelt gerichtet, auf das Unbewusste. Welche Probleme bestimmen unsere Gefühle und verhindern einen offenen Gefühlskontakt?

9. Haus: Feuer und beweglich

Wieder das Thema Selbständigkeit und das Erfahren unserer eigenen Kraft und Autorität, aber jetzt im Zusammenhang mit Veränderung und Anpassung. Es begegnen uns neue Sichtweisen, Einsichten und Ansichten, die uns dazu zwingen, unsere Zukunft auf eine andere Weise zu betrachten, wobei die Gefahr besteht, dass wir durch Unruhe abgelenkt werden.

10. Haus: Erde und kardinal

Das Thema konkrete Sicherheit und Umgang mit der täglichen Wirklichkeit kommt in der Außenwelt zum Ausdruck; man erfährt Reaktionen auf die Art und Weise, wie man sich auf diesem Gebiet präsentiert. Wie sicher sind Sie sich Ihrer selbst?

11. Haus: Luft und fix

Kontakte und Kommunikation müssen jetzt von innen her Form annehmen. Wie sicher fühlen Sie sich bei Kontakten mit der Außenwelt? Welche Ängste spielen eine Rolle? Vertrauen Sie Ihrer eigenen Sichtweise im Hinblick auf Fakten?

12. Haus: Wasser und beweglich

Das Thema »Gefühle erfahren und erleben« wird mit Unruhe, Loslassen, Veränderung und Anpassung konfrontiert. Welche Gefühle und Emotionen erlebt man, und inwieweit lässt man sich durch die damit verbundene Unruhe mitziehen? In welchem Maß können wir mit der Unsicherheit veränderlicher Gefühle und Emotionen umgehen?

Jedes Mal, wenn Saturn in ein Haus läuft, wird er das Thema dieses Elements aufgreifen und dadurch automatisch auf viele Jahre vorher verweisen, als er durch ein Haus des gleichen Elements lief. Er kann sogar auf die vorletzte Periode zurückgreifen, mit anderen Worten: Wenn Saturn durch das 12. Haus läuft, wird er auch die Periode von damals, als Saturn durch das 8. Haus lief, aktivieren und eventuell sogar noch die Zeitspanne, in der Saturn durch das 4. Haus gelaufen war, d.h. alle Wasserhäuser also. Gleichzeitig ist er damit beschäftigt, Vorbereitungen für seinen Lauf durch das folgende Wasser-Haus, das 4. Haus, zu treffen.

Saturn verbindet bei seinem Transit durch das 12. Haus aber auch alle beweglichen Häuser miteinander, da das 12. ein bewegliches Haus ist. Die Themen der beweglichen Häuser haben wir bereits kennen gelernt: Veränderung, Anpassung und Vorbereitung für spätere Veränderungen. Das letzte Mal, dass wir uns in solch einer zeitlich begrenzten Situation, einem ähnlichen Prozess also, befunden haben, war, als Saturn durch das 9. Haus lief – ebenfalls ein bewegliches Haus. Die Art und Weise, in der wir damals damit umgegangen sind, wirkt sich in diesem neuen beweglichen Haus weiter aus. Und die Art, wie wir zum jetzigen Zeitpunkt mit unserem Anpassungsvermögen und unserer Flexibilität umgehen, schlägt sich auf das folgende bewegliche Haus nieder: das 3. Haus.

Die Häuser, die in Opposition zueinander stehen, teilen ein Thema und deshalb haben sie auch etwas miteinander zu tun. Allerdings gehen sie aus verschiedenen Blickwinkeln an dieses Thema heran. Im 3. und im 9. Haus geht es beispielsweise um Information. Im 3. Haus *sammeln* wir Fakten und Informationen, während wir sie im 9. Haus *zu einem größeren Ganzen zusammenfügen* und diese Information dann *weitergeben*.

Durch diese thematische Verwobenheit der Oppositions-Häuser wird der Transit von Saturn auch immer seine Rückwirkung auf das gegenüberliegende Haus haben. Qua Thema besteht damit eine deutliche Verwandtschaft zwischen ihnen.

Jedes Haus dient zudem als Vorbereitung auf das folgende: Das, was wir in einem Haus erfahren, bildet automatisch die Grundlage für das folgende Haus. Dabei geht es nicht so sehr um das Thema, denn das folgende Haus gehört einem anderen

Element an. Es geht auch nicht um Fragen bezüglich unserer Innen- oder Außenwelt oder um unser Maß an Flexibilität, weil das folgende Haus einem anderen Kreuz angehört. Die Reihenfolge der Häuser hat vor allem mit unserem gesamten Wachstums- und Individuationsprozess zu tun.

Ich werde öfter gefragt, ob die Größe eines Hauses bei der Deutung eines Geburtshoroskops eine Rolle spielt. Meine Erfahrung ist, dass ein kleines Haus mit einem oder mehreren Planeten oft wichtiger ist als ein großes Haus, das leer ist, es sei denn, der Herrscher dieses großen Hauses bildet viele Aspekte. An sich ist für die Charakterdeutung, also unsere Grundanlagen, die Größe eines Hauses weniger wichtig. *Für unseren Wachstumsprozess spielt die Größe jedoch durchaus eine wichtige Rolle,* schon allein aufgrund der Tatsache, dass beispielsweise der Transit von Saturn durch ein großes Haus uns im Vergleich zu einem kleinen viel länger in Beschlag nimmt. Bezüglich unserer Entwicklung müssen wir die Häuserverteilung und die Größe der Häuser also im Blick behalten.

Damit stellt sich die Frage, welches Häusersystem wir benutzen. Es gibt viele verschiedene Systeme. Arbeitet man mit dem System gleich großer Häuser, würde das bedeuten, dass sie für unseren Wachstumsprozess alle gleich wichtig sind. Die Erfahrungen mit dem Transit von Saturn lehren aber, dass das ganz anders aussieht. Ich selbst mache die besten Erfahrungen mit dem Placidus-Häusersystem. In vielen Fällen ist mir aufgefallen, dass in dem Moment, in dem Saturn am Himmel innerhalb von 1° auf der Spitze eines Hauses zu stehen kommt, die Thematik dieses Hauses in den Vordergrund tritt. Ist Saturn dann noch stationär, drängt sich die Thematik sogar in sehr hohem Maße auf. Mit dem Häusersystem von Koch waren solche Resultate bedeutend seltener. Ich will hier aber keine Diskussion darüber beginnen, welches Häusersystem das beste ist. Jeder muss seine eigenen Erfahrungen machen und seine eigene Entscheidung treffen. Möchte man eine technische Analyse der Hintergründe der verschiedenen Häusersysteme, verweise ich gerne auf das Buch von Ralph William Holden *Astrologische Häusersysteme.*

Eine weitere Frage, die mir oft gestellt wird, ist, ob der Transit durch die Häuser auch für andere langsame Planeten in der Weise gedeutet werden kann, wie wir das beim Saturntransit getan haben. Meiner Erfahrung nach ist das nicht der Fall. Uranus läuft, wenn man alt genug wird, während eines Menschenlebens eine volle Runde durch das Horoskop (+/- 84 Jahre), während Saturn dies dreimal tut – wiederum vorausgesetzt, man wird alt genug. Saturn hat daher die Möglichkeit, bei jeder neuen Runde die Dinge weiter zurechtzuzimmern und erneut anzupacken, was bei den anderen langsamen Planeten nicht der Fall ist. Neptun und auch Pluto gelingt es kaum, eine halbe, geschweige denn eine ganze Runde durch das Horoskop zu laufen; dafür sind sie einfach zu langsam. Da sie also sehr lange in einem Haus verweilen, würden sie große Zeitabschnitte unseres Leben färben, wodurch die Thematik dieses Hauses für eine sehr lange Periode eine Art Grundton in unserem Leben angeben würde. Andere Häuser würden aber niemals an die Reihe kommen. Darum müssen wir die Außenplaneten – wie die Planeten nach Saturn auch genannt werden – in ihrem Transit durch die Häuser auf eine andere Weise deuten.

Befristete Aspekte von Saturn im Transit und der Unterschied zu seinem Transit durch die Häuser

Der Transit von Saturn durch die Häuser dauert für gewöhnlich einige Jahre. Selbst bei einem kleinen Haus im Horoskop dauert der Durchgang von Saturn immer noch länger als ein befristeter Aspekt. Bei der Wirkungsweise eines Aspekts gehen wir von der Regel aus, dass der Aspekt in dem Moment zur Auswirkung kommen kann, wenn der laufende Planet, hier also Saturn, 1° vor dem exakten Punkt steht und so lange wirkt, bis er auf 1° nach dem exakten Punkt angekommen ist. Der Raum, den ein Planet hat, um im Transit zur Auswirkung zu gelangen, beträgt also genau 2°, ein Grad vor und ein Grad nach dem Exaktwerden des Winkels. Hierzu muss ich Folgendes bemerken: In der Psyche gibt es eine so strikte Grenze natürlich niemals. Wenn wir uns unsere Träume anschauen, erkennen wir, dass bestimmte Themen schon seit Jahren in uns schlummern und erst allmählich Gestalt annehmen. Die Themen selbst kommen aber im alltäglichen Leben noch nicht zum Vorschein, und wenn man sich nicht einmal an seine Träume erinnert, hat man für gewöhnlich kaum oder gar nicht im Blick, was sie uns ankündigen. Trotzdem kommt im Unbewussten etwas in Bewegung; irgendetwas steht uns bevor. Bemerkenswert ist, dass, sobald der transistierende Planet innerhalb des Orbis von 1° angelangt ist, die Themen auch plötzlich im Alltagsleben durchbrechen. Das äußere Sichtbarwerden geschieht also zwischen einem Grad vor und einem Grad nach der Aspektierung. Aber selbst wenn der Aspekt außerhalb des Orbis liegt, sind das psychische

Erleben und die Auswirkungen noch nicht vorüber. Man kann noch eine Zeit lang durch das Verarbeiten dessen, was geschehen ist, in Beschlag genommen werden. Die Tatsache, dass er außerhalb des Orbis angelangt ist, bedeutet nur, dass weitere äußere Manifestationen oder Turbulenzen vorbei sind.

Daher kündigt sich ein Aspekt im Unbewussten bereits lange bevor er innerhalb des Orbis von 1° steht an. Hat er dann die Gradgrenze zwischen 1° vor und 1° nach dem exakten Punkt erreicht, bekommen wir es deutlich mit diesen Themen zu tun – sei es, dass wir uns dessen bewusst werden, was sich alles in uns abspielt, einschließlich der neuen Bedürfnisse, sei es, dass sich in unserem Leben allerlei Ereignisse ergeben, die uns mit dem Thema dieses Aspekts von außen her konfrontieren. Aktiv mit einem Aspektthema im Transit beschäftigt zu sein oder damit konfrontiert zu werden, ist daher zeitlich begrenzt und wesentlich kürzer als bei Saturns Lauf durch ein ganzes Haus.

Aspekte sind aber nicht weniger wichtig; nur ihre Rolle ist eine andere. Im Lauf der Jahre ist mir aufgefallen, dass, falls Saturn einen befristeten Aspekt zu einem Planeten bildet, er diesen Aspekt anscheinend dazu benutzt, um seinen Transit durch ein Haus zu betonen. Wenn Saturn beispielsweise durch unser 6. Haus läuft und von dort aus ein zeitlich befristetes Quadrat zu unserer Sonne bildet, kann sich dieses Quadrat in Form von zusätzlichem Stress und der damit verbundenen Müdigkeit sowie verringerter Energie (ein Thema der Sonne als Symbol unserer Vitalität und Lebensenergie) auswirken. Die Ursache liegt dann oft in einer Angelegenheit unseres 6. Hauses. Beispielsweise haben wir als Arbeitgeber Probleme mit dem Personal, oder die Haushälterin wird krank, oder man hat plötzlich mit einem Wirrwarr administrativer Vorschriften zu tun, oder man bekommt jetzt die Quittung für die Vernachlässigung seiner Gesundheit in den vergangenen Jahren etc.

Wenn wir uns die laufenden Aspekte von Saturn zu den *Planeten* anschauen, müssen wir auch im Auge behalten, unter welchen Umständen die Auswirkung stattfindet! Dabei wird sich erweisen, dass der Transit von Saturn durch die Häuser ein wichtiger Bezugsrahmen ist.

Planeten haben nicht nur eine deutlich abgegrenzte Bedeutung als Planet an sich, also als psychische Energie, sie sind auch noch Herrscher eines Hauses, einige sogar von mehreren Häusern. In ihrer Eigenschaft als Häuserherrscher tragen sie nicht nur die Bedeutung dieses Hauses, sie vertreten es auch. Wollen wir ihre Rolle bildlich darstellen, können wir das Haus buchstäblich als deren Wohnung betrachten. Ein Planet bewohnt also dieses Haus und tut dort alle möglichen Dinge. Allerdings muss er dabei immer die Wünsche des Hausbesitzers berücksichtigen, und das ist der Häuserherrscher. Dieser Hausbesitzer bezieht auch andere in die Art und Weise ein, wie er seinem Eigentum, diesem Haus also, Form geben will. Diese »anderen« sind die Planeten, die einen Aspekt zum Häuserherrscher bilden.

Nun kann dieser Häuserherrscher in Progression und Transit selbst einen befristeten Aspekt bilden. Wenn nun Saturn einen befristeten Aspekt mit einem Häuserherrscher eingeht, zeigt Saturn eine Auswirkung, als ob er mal eben durch das Haus dieses Häuserherrschers liefe. Mit anderen Worten: Wenn Saturn einen befristeten Aspekt mit dem Herrscher von 11 bildet, kann man die gleichen Erfahrungen machen, als liefe er durch unser 11. Haus. Beispielsweise bekommt man dann einen Anruf von jemandem aus dem Freundeskreis, der Probleme hat, oder es meldet sich ganz unerwartet ein Freund oder eine Freundin aus früheren Zeiten.

Trotzdem gibt es einige Unterschiede. Hier ist beispielsweise weder die Rede von einem roten Faden zwischen den Häusern dieses Elements oder dieses Kreuzes noch geht es um eine Vorbereitung auf das folgende Haus, wie das beim echten Transit durch die Häuser der Fall ist. Saturn bildet diesen Aspekt ja nur zeitlich begrenzt, und er wird, wenn er den folgenden Planeten aspektiert, wieder auf einem ganz anderen Gebiet tätig sein. Bei den Aspekten von Saturn im Transit gibt es also keinen roten Faden, wie das bei seinem Lauf durch die Häuser der Fall ist.

Wenn Saturn im Transit einen Planeten aspektiert, zeigt sich also folgendes Bild:

1. Saturn beeinflusst die übliche Bedeutung dieses Planeten. Als Prinzip von Einschränkung, Abgrenzung und Methodik und als Lernprozess des Schmerzes wird er auf dem Gebiet dieses Planeten entsprechende Erfahrungen mit sich bringen. Für die Sonne geschieht dies etwa im Bereich von Vitalität, Identität und Erfahrungen mit dem Männlichen; bei Merkur geht es um die Art, wie wir Tatsachen ordnen, wie wir lernen, kommunizieren und so weiter.
2. Jeder Planet ist auch Herrscher eines Hauses, und wenn ein Häuserherrscher für kurze Zeit von Saturn aspektiert wird, bekommt sein Haus es mit der Wirkung von Saturn zu tun, so als würde Saturn gerade durch sein Haus laufen.
3. Bei zeitlich befristeten Aspekten von Saturn bringt er oftmals den Lernprozess des Hauses, das er durchläuft, in seiner Auswirkung mit sich.

Der Zyklus von Mond und Saturn

Ungefähr alle 29 bis 30 Jahre läuft Saturn eine vollständige Runde durch den Tierkreis. In dieser Zeit hat er alle Häuser durchlaufen und die Planeten in unserem Horoskop von allen möglichen Richtungen her aspektiert, einschließlich sich selbst. Dafür benötigt der Mond in der sekundären Progression ungefähr die gleiche Zeit; er ist nur wenig schneller. Am Ende eines langen Lebens ist der Mond Saturn nur sechs Jahre voraus. Daher sprechen wir in der Astrologie auch vom Mond-Saturn-Zyklus und bezeichnen damit den ungefähr gleichen Lauf von Saturn und dem sekundären Mond durch die Häuser.

Beide Planeten werden von altersher als die Gestalter schlechthin angesehen. Bei Saturn ist das eindeutig: Er gibt Form, indem er Strukturen aufzeigt, Grenzen setzt und Klarheit schafft. Er ist der Planet, der symbolisch für unser Skelett steht, ohne das wir eine formlose Masse wären. Er ist ein »Aufhänger« oder eine Struktur, innerhalb derer etwas anderes zu Stande kommen kann. Oder, um ein Beispiel zu geben: Er ist der Kelch, in dem das Wasser aufbewahrt werden kann, er ist das Haus, in dem man wohnen kann und er ist der Pfeiler, der eine Sache an ihrem Platz bleiben lässt.

Bei seinem Lauf durch die Häuser erkennen wir, dass seine wichtigste Auswirkung ist, sich Klarheit zu verschaffen: darüber, woraus wir eine Form in unserem Leben machen können, in der es sicher ist, und worauf wir ein stabiles Haus bauen können, innerhalb dessen Mauern wir uns entfalten können.

Alles Gerümpel muss also verschwinden: Saturn ist der große »Aufräumer«.

Ganz anders verhält es sich beim sekundär progressiven Mond. Ihn könnte man im Zusammenhang mit Saturn sehr gut als *Inhalt* ansehen. Wo Saturn die Form erschafft, sorgt der Mond für den Inhalt. Der Mond wird in der Astrologie oft mit unserer emotionalen Entwicklung gleichgesetzt, wie Darby Costello in ihrem Buch *Der astrologische Mond* sehr gut darstellt. Aufgrund dessen ist der Mond einerseits etwas schwieriger zu beschreiben, weil es bei ihm mehr um Gefühlsinhalte geht und weil er andererseits unserer Entwicklung und der näheren Auswirkung der Runde von Saturn seinen Stempel aufdrückt. Denn was nützt eine Form, wenn es keinen Inhalt gibt?

Der sekundäre Mond durchläuft die Häuser des Horoskops ungefähr im gleichen Zeitraum wie Saturn. In dem Moment, in dem der sekundäre Mond in ein Haus eintritt, bricht eine Periode an, in der dieses Haus subtil in den Vordergrund gerät und sehr wichtig für unsere emotionale Entwicklung wird. Im Gegensatz zu Saturn haben wir jetzt nichts mit dem »Lernprozess des Schmerzes« zu tun und auch die Konfrontationen, die Saturn in einem Haus zu erkennen gibt, bleiben für gewöhnlich aus. Das ist ein viel *sanfterer* Prozess und er verläuft etwas selbstverständlicher und subtiler. Obwohl das natürlich sehr angenehm ist, kann die Folge sein, dass man sein Augenmerk weniger auf die Dinge richtet, die der sekundäre Mond uns zeigen will.

Der Mond wird seit jeher mit Nähren und Versorgung in Verbindung gebracht. Während der Transit von Saturn durch die Häuser darauf ausgerichtet ist, Trümmer zu beseitigen und eine Form zu schaffen, ist das Ziel des sekundären Mondes vielmehr, das Haus, das er durchläuft, zu nähren. Oft finden in dem Haus, das er durchläuft, ganz selbstverständliche Entwicklungen statt, die sich später, wenn der Mond schon lange weitergewandert ist, als Keim für wichtige innere, und nicht selten auch äußere Entwicklungen erweisen. Die Entscheidungen, die man auf dem Gebiet des Hauses, das der sekundäre Mond durchläuft, trifft, sind einerseits weniger strukturiert und *fließender*, andererseits oftmals der Endpunkt einer bestimmten Wachstumsphase, die zugleich ein Neuanfang sein kann – wenn der Faden positiv aufgegriffen wird.

Auch der Mond kann in seinem Gang durch die Häuser mit dem Entstehen neuer Bedürfnisse verbunden sein. Innerlich entsteht ein Fokus auf dieses Haus, und wir neigen dazu, uns mehr mit den Themen dieses Hauses zu befassen. Wie wir bereits gesehen haben, können auch beim Transit von Saturn durch die Häuser neue Bedürfnisse geweckt werden, bei deren Erfüllung wir aber in den meisten Fällen auf einen Widerstand stoßen, der uns dazu zwingt, uns zu fragen, ob wir etwas auch wirklich wollen. Dieser Widerstand fehlt beim sekundären Mond durch die Häuser. Mehr noch, oft geschehen auf dem Gebiet des Hauses, durch das der sekundäre Mond läuft, Dinge, die sehr förderlich für uns sind oder die auf bestimmte Weise eine Hilfe darstellen.

Ein Beispiel: Ein Geschäftsmann konnte anfänglich einen großen Teil seiner Kreativität in den Aufbau seiner Firma stecken, was ihm sehr viel Freude machte. Da sich seine Firma aber ständig vergrößerte, wurde er im Lauf der Jahre immer mehr zwischen der Funktion als Sekretär und als Manager zerrissen, und er hatte immer weniger Zeit für die Dinge, derentwegen er seine Firma eigentlich aufgebaut hatte. Die Scherereien mit Verwaltung, Telefonaten, Verhandlungen nahmen immer mehr Zeit in Anspruch und er fühlte sich zunehmend unwohl und frustriert. Als der sekundäre Mond in sein 5. Haus lief, lernte er eine hervorragende Sekretärin kennen, die sich genau in dem Bereich, in dem er tätig war, als sehr erfahren erwies und ihm viele alltägliche Dinge abnehmen konnte. Dank ihrer Hilfe konnte er zu einem Großteil seiner bevorzugten Aktivitäten zurückkehren und seine Kreativität und Ausdruckskraft wieder voll einsetzen. Mit dem sekundären Mond durch das 5. Haus kehrte nicht nur seine Kreativität zurück, er spürte auch, dass er neuen Schwung bekam, womit er sich wesentlich wohler fühlte. Wie von selbst machte er sich auf die Suche nach weiteren kreativen Möglichkeiten und entlehnte auf diese Weise seinem 5. Haus tatsächlich ein Stück psychischer Energie. Saturn befand sich im Transit ein ganzes Stück weiter in seinem Horoskop. Er war auf einem anderen Gebiet damit beschäftigt, aufzuräumen und Strukturen zu schaffen, was aber nicht verhinderte, dass der Mond inzwischen im 5. Haus seine Seele nährte.

Es ist sehr spannend, sich im eigenen Horoskop anzuschauen, durch welche Häuser Saturn und Mond laufen. Beide Häuser haben ihre eigene Betonung, auch wenn Saturns Themen uns zuerst auffallen werden. Wenn im Geburtshoroskop eine Konjunktion zwischen Mond und Saturn besteht, wird man einen großen Teil seines Lebens das Paradox erleben, dass sowohl Saturn im Transit als Lernprozess des Schmerzes als auch der sekundäre Mond als Ernährer durch das gleiche Haus in unserem Horoskop laufen. Das ist schwierig, weil man in diesem Haus aufräumen und sich gleichzeitig nähren muss. Im Lauf der Jahre habe ich den Eindruck gewonnen, dass dies eine zusätzliche Dimension der Saturn-Mond-Konjunktion im Horoskop ist, die für die Deutung im Geburtshoroskop von Interesse ist. Von diesem Menschen wird, um Vertrauen finden zu können, besonderer Einsatz gefordert, weil er die Erfahrung machen wird, dass er, wenn er in einem bestimmten Haus Unterstützung erfährt, sich auf dem gleichen Gebiet Problemen stellen muss. Vielleicht ist das sogar ein Grund dafür, warum Menschen mit einer Saturn-Mond-Konjunktion das Gefühl haben, nichts umsonst zu bekommen und sich auch leicht zurückgewiesen und verletzt fühlen. Bei ihnen gehen Genährtwerden und Konfrontation ja so oft Hand in Hand!

Andererseits wird man, wenn man diese Konjunktion hat und die Zyklen des sekundären Mondes und des Transits von Saturn begreift, seinem Leben gerade aufgrund dieses Aspekts viel besser Form geben können. Jedes Mal, wenn ein Bereich Aufmerksamkeit verlangt, kann man ihn gleichzeitig in allen Facetten kennen lernen!

Auch für unser Gefühl wird es sehr bedeutsam sein, ob in unserem Horoskop der sekundäre Mond vor oder nach dem Transit von Saturn kommt. Kommt der sekundäre Mond zuerst, erhält man zunächst Nahrung, um danach beim Saturntransit möglicherweise schmerzliche Erfahrungen machen und Strukturen aufbauen zu müssen. Kommt Saturn zuerst, wird man zuerst mit dem Aufräumen konfrontiert, um dann, Jahre später, wenn der sekundäre Mond in dieses Haus läuft, von dem gleichen Haus genährt zu werden. Der Unterschied zwischen den Erfahrungen beider Situationen kann Folgen für die Art und Weise haben, in der wir das Leben erfahren!

Ein Beispiel: Eine Frau, die kurz vor ihrer Pensionierung stand, erlebte Saturn im Transit durch ihr 11. Haus. Sie wurde mit Problemen in ihrem Freundeskreis konfrontiert: Eine Freundin starb, eine andere zog um. Diese Frau hatte aber von innen her das Gefühl, dass sowohl sie selbst als auch einige ihrer Freunde sich in eine andere Richtung entwickelt hatten. Die Vertrautheit aufgrund der langjährigen Freundschaft blieb zwar, trotzdem hatte sie das Gefühl, dass sie einander weniger zu sagen hatten. Außerdem fiel ihr auf, dass sie weniger das Bedürfnis verspürte, vieles mit diesen Freunden zu teilen. Letztlich schienen sich diese Freundschaften zu verwässern. Es blieben auch nicht mehr viele übrig.

Als die Pensionierung durch war, lief der sekundäre Mond in ihr 11. Haus. Sie hatte zwar ihr Leben lang gerne gearbeitet, trotzdem konnte sie ihre Pensionszeit sehr genießen. Und doch bekam sie mit dem sekundären Mond durch ihr 10. Haus das Bedürfnis, in der Außenwelt noch etwas zu tun. Daher beschloss sie, eine ehrenamtliche Tätigkeit anzunehmen. Der sekundäre Mond durch ihr 11. Haus brachte sie mit einer ganz neuen Gruppe von Menschen in Kontakt, mit denen sie erlebte, dass sie ganz selbstverständlich Teil dieses neues Kreises wurde, woraus sich auch, ebenso selbstverständlich, neue Freundschaften entwickelten. Erst als die Frau auf diese Periode zurückschaute, konnte sie benennen, was geschehen war. Eigentlich war alles wie von selbst gekommen, auf eine Weise, dass sie es nicht wirklich erkennen konnte. Der Reinigungsprozess von Saturn in den vorhergehenden Jahren hatte sich obendrein als sehr wichtig erwiesen, weil die Frau gelernt hatte, viel mehr bei »sich selbst« zu bleiben, auch in Freundschaften.

Ganz anderes wäre es gewesen, wenn die Frau zunächst einen neuen Freundeskreis aufgebaut und Saturn als Lernprozess erst anschließend erfahren hätte. Die Konfrontationen hätten dann nämlich auf die eine oder andere Weise mit diesen neuen Freunden im Zusammenhang stehen können, was aber nicht immer der Fall sein muss. Übrigens kann der Transit von Saturn in einer vorherigen Runde durch ein Haus schon so viel Klarheit mit sich gebracht haben, dass er bei einer neuen Runde, auch wenn sie nach dem sekundären Mond beginnt, nicht mehr mit so viel Angst und Schrecken einhergeht. Vieles hängt hier davon ab, wie wir mit seiner Energie umzugehen wissen.

Wenn wir den Transit von Saturn durch die Häuser positiv aufgreifen und seine Botschaft als Teil unseres Wachstumsprozesses willkommen heißen, wird der sekundäre Mond durch die Häuser seine ganze Kraft als Ernährer entfalten können. Unser Leben wird dann sowohl konkret als auch gefühlsmäßig ein sicheres Fundament erhalten.

Literatur

Costello, Darby: «De astrologische Maan«. Bona Futura, Amstelveen

Hamaker-Zondag, Karen M.: «Aard en achtergrond van de huizen«. Schors, Amsterdam

Hamaker-Zondag, Karen M: «Deutung der Häuser«. Hier & Jetzt, Bad Oldesloe.

Hamaker-Zondag, Karen M: »Elemente und Kreuze«. Hugendubel, München.

Hamaker-Zondag, Karen M: »Häuserherrscher und Häuserbeziehungen«. Hugendubel, München

Hamaker-Zondag, Karen M: »Psyche en astrologisch symbool«. Schors, Amsterdam

Holden, Ralph William: »Astrologische Häusersysteme – Entstehung, Berechnung, Bewertung«. Chiron Verlag, Mössingen.

Über die Autorin

Karen Hamaker-Zondag (1952) hat in Amsterdam Sozialgeographie und Umweltschutztechnik studiert. Aufbaustudien in Psychologie und Astrologie folgten. Heute ist sie eine international geschätzte und beliebte Astrologin. Ihre astrologische Laufbahn begann 1975. Sie hält Vorträge und gibt Workshops im In- und Ausland und bietet eine sechsjährige Berufsausbildung in Astrologie an. Im Mai 1998 erhielt sie als erste Astrologin außerhalb der USA den Regulus Award for Education, die höchste Auszeichnung auf dem Gebiet der Astrologie in den USA. Sie zahlreiche Bücher geschrieben, die größtenteils auch in Deutschland erschienen sind, zuletzt kam von ihr der Titel *Die Yod Figur* (2001) heraus.

Standardwerke der Astrologie

KAREN M. HAMAKER -ZONDAG

Solare

Die Deutung von Jahreshoroskopen
112 Seiten, 20 Abbildungen, Broschur

ISBN 3-89997-100-0

Ein Solar ist ein Horoskop auf den Augenblick der exakten Wiederkehr der Sonne auf ihre eigene Position am Geburtstag. Es zeigt die im kommenden Jahr dominierenden Einflüsse im Leben des Geburtstagskindes. In dem Buch erfahren Sie die grundsätzlichen Deutungsregeln für ein Solarhoroskop. Dabei fällt der Deutung der Planeten und deren Winkelbeziehungen im Solar eine wichtige Rolle zu. Besondere Beachtung sollte ferner auf Planeten in Aspektfiguren wie dem YOD oder ohne einen Winkel gelegt werden. In diesen Jahreshoroskopen gibt es zwar sehr viel Unruhe, aber auch oft Hinweise auf einen Neuanfang. Unaspektierte Planeten überbringen für das entsprechende Jahr eine wichtige Botschaft, allerdings auf konfrontierende Weise. Anhand von Beispielen demonstriert die erfahrene Autorin, wie Solare über mehrere Jahre hinweg wirken. Sie zeigt dem Leser, wie er mit Hilfe der Solare ein Jahresthema erkennen, sich positiv darauf einstimmen und so erfolgreich in sein Leben integrieren kann.

Es sind zwar schon einige Bücher über das Thema Solar-Horoskope veröffentlicht worden, doch erst jetzt kommt eines auf den Markt, in dem auf die Deutung der Solare so ganzheitlich, zusammenhängend und praxisorientiert eingegangen wir, wie selten zuvor.

Sternzeit 1/2004

Standardwerke der Astrologie

KAREN HAMAKER -ZONDAG

Die äußeren Planeten in neuer Sicht

Übersinnliche Erfahrungen im Horoskop

Hardcover

ISBN 3-89997-158-3

Die Autorin hat zahlreiche Fälle aus ihrer Praxis analysiert, um herauszufinden, welche astrologischen Faktoren bei besonderen oder übersinnlichen Erfahrungen eine Rolle spielen können. Dabei stellte sich heraus, dass vor allem die äußeren Planeten von wesentlicher Bedeutung sind. Zunächst erläutert sie, wie Uranus, Neptun und Pluto zu ihrer astrologischen Bedeutung gekommen sind und wie sie bisher in der Astrologie betrachtet wurden. Dann schlägt sie eine erweiterte Deutung der äußeren Planeten im Geburtshoroskop und in der Prognose vor. Denn auch Sie können jederzeit einer übersinnlichen Erfahrung begegnen und suchen dann nach einer Erklärung. Die langsamen Planeten wirken auf der Ebene des Alltäglichen erkennbar und eindeutig. Auf einer anderen Ebene bringen sie aber die scheinbare Sicherheit durcheinander. Sie müssen damit rechnen, dass diese Sie mit einer verborgenen Welt in Verbindung bringen. Der Weg zum Kosmos liegt also auch in uns – und die äußeren Planeten haben wir allemal in unserem Horoskop.

Karen Hamaker-Zondag ist eine international geschätzte Astrologin. Sie hat zahlreiche Bücher geschrieben, die größtenteils in mehrere Sprachen übersetzt wurden. Zudem hält sie Vorträge und gibt Workshops im In- und Ausland, bietet eine sechsjährige Berufsausbildung in Astrologie an und arbeitet mit verschiedenen Zeitschriften zusammen. Im Chiron Verlag sind von ihr Saturn im Transit durch die Häuser (2001) und Solare – Die Deutung von Jahreshoroskopen (2003) erschienen.

Standardwerke der Astrologie

LIZ GREENE

Uranus im Horoskop

Prometheus und die Kunst,
das Feuer zu stehlen
320 Seiten, 12 Abbildungen, Broschur

ISBN 3-925100-44-X

Uranus ist immer für eine Überraschung gut! Vor allem lässt sich seine astrologische Bedeutung nicht einfach festlegen. Gerne wird er mit dem Begriff »Individualität« gleichgesetzt, doch damit werden die uranischen Kräfte nicht umfassend beschrieben.

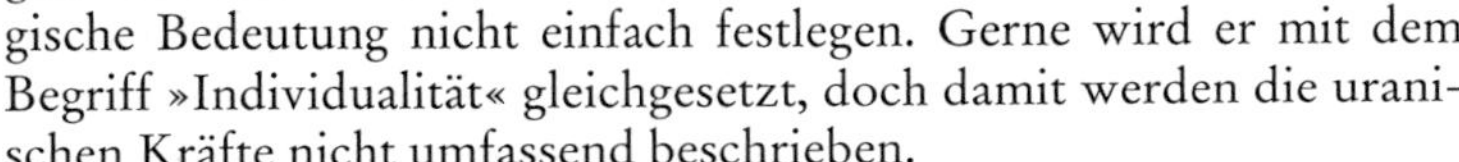

In dem vorliegenden Buch zeigt Liz Greene die Querverbindungen zu mythologischen Bildern und zu historischen Ereignissen auf. Dabei stützt sie sich vor allem auf den Mythos des Prometheus, der den Göttern das Feuer der Kreativität stiehlt und den Menschen damit die Möglichkeit zur Bewusstseinserweiterung gibt. Die Strafe des Prometheus steht für den Preis, den wir für nicht gelebtes uranisches Wissen bezahlen.

Uranus' Bedeutung im Geburtshoroskop wird ausführlich besprochen. Dabei stehen vor allem die Stellung in den Häusern, die Aspekte zu den persönlichen Planeten sowie sein Bezug zum Körperbewusstsein im Mittelpunkt.

Im zweiten Teil werden die Transite von Uranus und Saturn untersucht. Indem Li Greene einen mythologischen und psychologischen Zugang wählt, eröffnet sie dem Leser die Möglichkeit, über eine oberflächliche Deutung anhand von Schlüsselbegriffen hinaus zu gelangen. Ein umfassendes und in die Tiefe gehendes Buch über den Planten Uranus im Horoskop, das seinesgleichen sucht.

Standardwerke der Astrologie

MELANIE REINHART

Die Mondknoten

Das innere Gleichgewicht im Horoskop
162 Seiten, 15 Abbildungen, Broschur

ISBN 3-925100-41-5

Die Bahnen von Sonne und Mond überschneiden sich an zwei im Tierkreis gegenüberliegenden Stellen: den Mondknoten. Die Mondknoten bilden somit eine wichtige Achse im Horoskop. Eine häufig gestellte Frage lautet aber: wie soll man die Mondknoten zuverlässig deuten? Meistens wird der südliche Mondknoten als Vergangenheit im persönlichen wie auch im karmischen Sinne betrachtet und der Nordknoten als die Zukunft. Melanie Reinhart zeigt jedoch, daß dies nur eine eingeschränkte Sichtweise der Mondknotenachse bedeutet. In den Mondknoten tauschen sich die Prinzipien von Sonne, Mond und Erde aus. Die beiden Knoten ergänzen sich und schaffen so ein inneres Gleichgewicht.
Sie untersucht den rückläufigen Zyklus und zeigt dessen Bedeutung als Weg zur inneren Balance. Gerade diese Sichtweise auf die Mondknoten als ein Faktor zum Ausgleich der Gegensätze zeichnet das Buch besonders aus. Anhand leicht nachvollziehbarer Fallstudien erhält der Leser Anleitungen zur Deutung der Mondknoten und gelangt zu einem erweiterten Verständnis dieser wichtigen Achse im Horoskop. Endlich ein Buch mit einer lebensnahen Auslegung der Mondknotenachse.